FIRST SPANISH BOOK

AFTER THE NATURAL OR DIRECT METHOD
FOR SCHOOLS AND SELF INSTRUCTION

BY

JAMES H WORMAN, A M, Ph D, LL D.

FORMERLY PROFESSOR OF SPANISH, UNIVERSITY OF VERMONT

Nihil est in intellectu quod non fuerit in sensu

AMERICAN BOOK COMPANY

NEW YORK   CINCINNATI . CHICAGO

BOSTON   ATLANTA

WORMAN'S MODERN LANGUAGE SERIES

SPANISH

New First Spanish Book
Second Spanish Book (Revised)

FRENCH

First French Book
Second French Book
Grammaire Française (Revised)
French Echo — A Manual of French
    Conversation

GERMAN

First German Book
Second German Book
An Elementary German Grammar
German Echo — A Manual of German
    Conversation

WORMAN NEW FIRST SPAN BK.
E P II

FOREWORD TO TEACHER AND STUDENT

THIS little book follows the plan of my **First German Book** and **First French Book**, like them, it is the outgrowth of schoolroom experience, and a product of my language method It was originally prepared with the help of the late Prof H M Monsanto, but many changes and improvements have been made in it from time to time, and in this present revision it conforms to the best usages of Spanish writers and to the latest decisions of the Spanish Academy

Those wishing to learn not only the written but also the spoken Spanish will find here the material that must be acquired

The peculiar features of my method are Pestalozzian in character It differs widely, however, from all other methods of teaching a foreign language, because

Method of this book 1 **This course teaches the Spanish language without the help of the learner s vernacular**

2 It bases linguistic instruction upon a direct appeal to a pictorial illustration of the objects mentioned The student is never left to guess at what is said, but is clearly instructed, and learns to speak understandingly

3 **Grammar** is taught to help the student speak *accurately* Many of the natural or direct method textbooks present too few, if any, grammar rules, and thus make the work *superficial* Unsystematic study is sure to be barren of results My aim is, therefore, to unfold the principles of the language progressively, and to supply grammatical as well as lexical details.

4 **Paradigms** are used to enable the pupil to see the relation of the part to the whole It confuses the learner when he is only given one person or one case at a time

5 **The rules** are deduced from the examples, the purpose being to develop *the abstract from the concrete* In short, the laws

of the language are the learners own inferences from the examples

6 The footnotes contain much information. Their mastery is necessary to the student's progress in his reading of the text As soon as the text of the first five lessons has been passed, the footnotes should be carefully discussed in class and made the subject of written exercises, if not in Spanish then by translation into and from the English

7 Everything is taught by contrast and association   Too frequently the learner's memory is overtaxed and the development of his sense and reasoning faculties neglected   My special aim is to employ as much as possible the lower or sense faculties of the mind, the *perceptions*

8 The lessons are strictly graded and consist of conversations on interesting topics, supplying words and idioms needed in the everyday affairs of life

9. Distinctive type is used for the variable inflections of nouns, verbs, adjectives, etc.   It strikes the eye, and the pupil notes more readily all inflectional changes   The beginning is made with the auxiliaries of tense because their use is a necessity from the very first exercise in spoken language

10 A vocabulary giving the English equivalents has been appended because in many schools the students translate these lessons before using them for Spanish conversation   A list of common Spanish phrases, with their English equivalents, inserted before the Vocabulary, will prove very helpful in and out of class   These phrases should be put to constant use from the very beginning and may thus gradually be learned by heart

A successful use of the **New First Spanish Book** will be best attained in the following manner:

1. Each lesson should first be read by the teacher, and then in concert by teacher and student

2. One pupil should next read by paragraphs and after the reading of each paragraph a series of conversations should be developed.   The pupil should not be allowed to speak in monosyllables.

3 The paradigms should be committed to memory

4 The student should understand every lesson before taking up new work. He should master the text without the use of English The footnotes will help materially in this effort

5 Objects at hand, or brought to the class, should be made subjects for conversation The pupil when studying the text should read and speak *aloud* as if conversing with others, it will train his ear and tongue and quicken expression

6 Reviews should be frequent Not how much studied, but how well learned, should be the motto

7 The rules for pronunciation should be constantly referred to, as their mastery is a work of time No one can hope to understand the spoken word who has not carefully trained his ear to the correct sounds Nothing can replace the living voice, but care has been taken to make these rules helpful.

The instructions of the Spanish Academy have been heeded, but the variations of Spanish Americans have also been pointed out

It is hoped that the help here offered will prove useful and quicken in the United States the ever-growing interest in the people of Spanish-speaking countries

Suggestions have come from many teachers of Spanish, friends of my other books, and they have proven helpful, but my special acknowledgments are due to Señor Francisco Zuazaga, Professor of Commercial Spanish, Boston University, who has by his assistance in the proofreading insured the accuracy of these pages

J H. WORMAN.

BOSTON, MASSACHUSETTS.

EL ALFABETO ESPAÑOL

(THE SPANISH ALPHABET)

I According to the Spanish Academy, the alphabet consists of twenty-eight letters To these may be added letters *k* and *w*, employed in foreign and in adopted words All the letters are given below with their names in Spanish

II The Castilian pronunciation, generally accepted as the best, is the one given preference here The equivalents in English are in nearly every case only approximate, it being very difficult to represent Spanish sounds by any English letter or combination of letters For the exact Spanish sounds the pupil should, if possible, avail himself of the living voice of a teacher

Spanish is almost entirely a phonetic language That is to say, it comes very near being pronounced as it is written, and being written as it is pronounced Aside from a very few exceptions, *each letter is to be pronounced in every case, and always in the same way, its sound being practically invariable* This cannot be too strongly impressed on the mind of the beginner

III LAS LETRAS (*The Letters*)

El Abecedario Castellano
(The Spanish Alphabet)

Los Caracteres (Characters)	Los Nombres (Names)	La Pronunciación (Pronunciation)
a	a	*ah*
b	be	*bay* [1]
c	ce	*thay* [2]

---

[1] The names of the Spanish letters are *feminine*, as *la b* (lah bay).

[2] In Spanish America the soft *c* and *s* are sounded like *c* in *city*. (See page 4, footnote 2.)

Los Caracteres (Characters)	Los Nombres (Names)	La Pronunciacion (Pronunciation)
ch[1]	che	*tshay*
d	de	*day*
e	e	*eh* (or *ay*)
f	efe	*ay'fay*
g	ge	*'hay* [2]
h	hache	*ah'chay*
i	ı	*ee*
j	jota	*'hoh'tah* [2]
k	ka	*kah*
l	ele	*ay'lay*
ll[1]	elle	*ayl'yay*
m	eme	*ay'may*
n	ene	*ay'nay*
ñ	eñe	*ayn'yay*
o	o	*oh*
p	pe	*pay*
q	cu	*coo*
r	ere	*ay'ray*
rr[1]	erre	*ayr'ray*
s	ese	*ay'say*
t	te	*tay*
u	u	*oo*
v	ve	*vay*
w	doble u	*doh'blay oo*
x	equis	*ay'kees*
y	ye o i griega	*yay* or *ee gree-ay'gah*
z	zeta	*thay'tah*

---

[1] The compound letters, *ch*, *ll*, and *rr*, cannot be separated in spelling. (See Division of Syllables, page 8.)

[2] *G* before *e* or *i* is a very strongly aspirated *h*. It is sounded like the German *ch* in *ach*. *J* has likewise this strong aspirated sound of *h*. (See page 4, Par. V, 8 and p. 5, Par. V, 10 *a* and *b*.) The aspirated sound is indicated by an apostrophe (') before the *h* ('*h*). The Spanish *ch* has, however, a different sound. (See page 4, Par V, 5.)

REGLAS PARA LA PRONUNCIACIÓN

(RULES FOR PRONUNCIATION)

IV. LAS VOCALES (*The Vowels*)

1 Spanish vowels are invariable in sound, and the student should enunciate them clearly.

2. a has the sound of the English *a* in the exclamation ah ! cara, cah'rah (*face*)

3. e has a sound somewhat fuller than the *e* in melon, but not so long as that of *a* in fate mesa, may'sah (*table*), in a closed syllable, *i e* when ending in a consonant, it sounds more like *e* in pest, as in esto, es'toh (*this*)

4 i has the sound of English *i* in marine, machine, etc pino, pee'noh (*pine*)

5. At the end of a word y replaces i when preceded by a vowel (See y) ‿ ‿

6 o sounds nearly like *o* in oh, or in the word somber: loma, loh'mah (*slope*), sombrero, som-bray'roh (*hat*)

7 u is pronounced like *oo* in moon mundo, moon'doh (*world*) u is silent when it follows q queso, kay'soh (*cheese*), quitar, keeh-tarr' (*to quit, retire*) (See page 5, Par. V, 15.) It is also silent between g and e or i, that is, in the combinations gue and gui. guerra, gayr'rah (*war*), guía, ghee'ah (*guide*).

8. u with the diæresis (ü) must be sounded. Thus, while in guerrilla, gayr-reel'lyah (*guerrilla*) and distinguir, dees-teen-gheer' (*to distinguish*) the u is silent, in words with the diæresis (diéresis) like vergüenza, vayrr-goo-en'thah (*shame*) and lingüista, leen-goo-ees'tah (*linguist*) the u must be sounded.

(For the diphthongs, see page 7, Par. VI)

9. y is, as in English, both a vowel and a consonant. (*a*) It is used as a vowel only at the end of a word, as in rey, ray'ee (*king*), voy, voh'ee (*I go*), or when standing alone as the conjunction y, ee (*and*). padre y madre (*father and mother*).

(*b*) In all other cases it is a consonant and should be pronounced more forcibly than in English, approaching the sound of y in yet; suyo, soo'yoh (*his*). Cf. page 6, Par. V, 22, and footnote 1.

V LAS CONSONANTES *The Consonants*

1 Of the consonants f k l m, n p, q. and t have the same value as in English

2 b, d, r, v and y have nearly the same value as in English The variations are as follows

3 b is not pronounced as forc'b' as in English, except before s and t obscuro, obs-coo'ro *obscure* and obtener, ob-tay-nair' *(to obtain)* See Par V, 19, note

4 c² has two sounds (*a*) before e or i it is pronounced like *th* in *thin* cena, thay'nah '*supper* , cancion, can-tnee-on' *(song)*

(*b*) In all other cases it has the hard sound of *k* cama, kan'mah *(bed)*, cortés, kor-tays' *(courteous, polite)*, cruz krooth *(cross)*

5 ch has in all cases the sound of English *ch* in *ch*urch mucho, moo'tchon *(much)*, muchacho, moo-tchah'tchoh *(boy)*

6 d is never pronounced as forcibly as in English (it is farther removed from *t*) At the end of a word, or between two vowels, as in Madrid, mah-dreeth', Granada, grah-nah'thah, it is much softened, its sound then approaching that of the English *th* in al*th*ough

7 By some Spanish people the sound of d is left out at the end of a word, or between two vowels, as in bondad, cansado, which become bonda, cansao *This practice is to be avoided*

8 g (like c) has two sounds

(*a*) Before e or i it has the same value as the Spanish j , that is, the sound of English *h* very strongly aspirated, or better the German *ch* in *ach*, as. gitano, 'hee-tah'noh *(gipsy)*, genero, 'hay'nay-roh *(gender)*

(*b*) In all other cases g has the guttural sound of English *g* in *g*ate gato, gah'toh *(cat)*, siglo, see'gloh *(century)*, gracias, grah'thee-ahs *(thanks)* The g is also hard when followed by u , as guia, ghee'ah *(guide)* Cf page 3, Par IV, 7

---

1 Many Spanish people are careless in the pronunciation of v, often confounding it with b, as baso for vaso, vah'soh *(drinking vessel)*

2 c and z when soft often receive in Latin America the simple sound of *c* in *city*, a practice disapproved by the Spanish Academy

9 **h** is always silent It is true that in words beginning with **hue**, as **huevo**, (h)oo-ay'voh (*egg*), there is a slight aspirate, but this belongs to the **ue** rather than to the **h** For **c** followed by **h**, see remarks under **ch**, above, Par V 5)

10 (*a*) **j** has the sound of English *h* aspirated, or better, sounds like the German *ch*, as, **José**, 'Hoh-sav' (*Joseph*), **jefe**, 'hay'tay (*chief*) Compare with g before e and i, Par V, 8 *a*

(*b*) **j** has replaced **x** in many words, as **Méjico**, may'nee-koh (*Mexico*), and final **j** is sometimes silent, as **reloj**, rav-loh' (*watch, timepiece*), often written now **reló**, though in the plural it is always sounded **relojes**, ray-loh'hays

11 **ll** (avl-yay) is pronounced like *ll* in William or in brilliant , as, **valle**, vahl'lyay (*valley*)

NOTE Some Spanish people give **ll** the sound of *y* and **valle** thus becomes *vaye*, a pronunciation to be avoided

12 Latin *mm* found also in English, are replaced by **nm** as, **inmenso**, een-men'so (*immense*) and **inmortal**, een-mor-tahl' (*immortal*) Compare Par V, 13

13 The Spanish Academy has not in general favored the doubling of consonants, so that now **c** and **n** are the only ones doubled , in these instances *both* are sounded , as, **accion**, ak-thee-on' (*action*), **ennoblecer**, en-no-blay-thayr' (*to make noble*)

14 **ñ** (ayn-yay) that is, the Spanish n with the *tilde* (~) over it, has an even stronger sound than the English *ni* in onion or in opinion or the *ñ* in cañon (canyon)

15 **q** is only used in combination with **ue** (que) and **ui** (qui) Then the two letters, **qu**, have the single sound of *k* , as, **querer**, kay-rayr' (*to wish desire*), **quinto**, keen'toh (*the fifth*)

16 **r** is pronounced in all cases more distinctly than in English and it is trilled and rolled very forcibly in the following cases

(*a*) At the beginning of a word, as in **Roma**, roh'mah (*Rome*), **rima**, ree'mah (*rime*), **renta**, ren'tah (*income*)

(*b*) After n, l, or s **Enrique**, en-ree'kay (*Henry*), **alrota**, al-roh'tah (*tow*), **Israel**, Ees-rah-ayl'

17 **rr** (ayr'rav) represents two inseparable letters which are always rolled, and which never occur at the beginning of a word,

nor after **n, l,** or **s** Notice the difference between **pero,** pay'roh
(*but*), and **perro** payr'roh (*dog*)

18 **s** has always the sound of *s* in *saint* (never like *s* in *rosy* or
evasion), *e g* **sangre,** ssan'gray (*blood*) The practice of not
sounding the final s is to be avoided Cf Par V, 7

19 **v** is pronounced less softly than in English It should not
be given the sound of **b,** as is often done

NOTE The Spanish Academy grammar does not favor the mixing of b
and v in the written language

20 **w** is used only in foreign words (*a*) In German words it
has the sound of *v*, as in **Wágner** (Vagner)

(*b*) In English words *w* has the sound of Spanish **u** thus in
Wáshington (Uashington)

21 **x** (*a*) Between two vowels **x** is pronounced like Spanish
cs or **ks** **exacto,** eks-ahk'toh (*exact*)

(*b*) In many words **x,** formerly sounded like J, is now replaced
by J **Méjico** (see above under j)

(*c*) Between a vowel and a consonant usage varies but the pronunciation of **x** like **ks** is preferred by the Spanish Academy
expreso, eks-pray'so (*express*)

(*d*) Others pronounce it like gs (egs-pray'so)

(*e*) And still others pronounce it like s (es-pray'so)

(*f*) Some even use s instead of **x** in the written language also
(*espreso*), but the Spanish Academy condemns this practice

22 **y**[1] as a consonant should be pronounced more forcibly
than in English, approaching the sound of *y* in *yet*, as, **suyo,**
soo'yoh (*his*) Between consonants i replaces **y** **sistema,**
sees-tay'mah (*system*) (For y as a vowel, see Par IV, 9 *a*)

23 **z** is pronounced by Castilians like *th* in *th*in Students
should not give it the sound of English *z* nor should they adopt
the pronunciation of those Spanish Americans who sound it like *c*
in *c*ity or like *s* in foren*s*ic See footnote 2, page 4

NOTE Many Spanish Americans rarely distinguish between **c, s,** or **z** in
the spoken language in such words as **cocer** (*to cook*) and **coser** (*to sew*), **caza**
(*chase, hunt*) and **casa** (*house*)

---

[1] In some Spanish American countries i generally replaces **y**

VI Diptongos y Triptongos (*Diphthongs and Triphthongs*)

1 A Diphthong is a coalition or union of two vowels These form in English a compound or continuous vowel sound They are not considered two distinct sounds, but are pronounced with one breath impulse and without remission of stress the sound gliding from the initial element to the final without a break, as *oi* in *oil*, *ai* in *rain*, *eo* in *people*, *ea* in *heard*

2 English diphthongs may or may not have the original sound of either of the two vowels compare *aw* in *yawl*, *ou* in *out*

3 In Spanish diphthongs, however, the two vowels build *one syllable*, and the original sound of each vowel must be kept

4 Spanish vowels are of two kinds (*a*) strong **a**, **e**, and **o**, and (*b*) weak **i** (**y**) and **u**, which are less sonorous than those in group (*a*)

5 Diphthongs are formed

(*a*) By one strong and one weak vowel with the stress on the strong, irrespective of their relative position **hácia**, ah'thee-ah (*towards*), **baile**, bah'ee-lay (*ball*), **causa**, kah'oo-sah[1] *(cause)*

When the stress falls on the weak vowel, the accent is used to show there is no diphthong and the two vowels are pronounced in two syllables **hacía**, ah-thee'ah (*I made*), **país**, pah-ees' *(country)*, **baúl**, bah-ool' *(trunk)*

(*b*) By two weak vowels with the stress always on the second , as, **viuda**, vee-oo'dah[1] *(widow)*, **buitre**, boo-ee'tray *(vulture)*

6 Triphthongs combine three vowels — one strong, with the stress, between two weak vowels , as **buey**, boo-ay'ee *(ox)*

VII El Acento (*The Accent*)

The general rules of Spanish accentuation are

1 Words of two or more syllables, ending in a vowel or in *n* or *s*, have the stress on the syllable before the last (penultimate) , as, **mesa**, may'sah *(table)*, **comen**, koh'mayn *(they eat)*, **lunes**, loo'nays *(Monday)*

---

[1] These words quickly spoken sound like *cow'sah*, *view'dah* Cf the English *ai* in *ail*, *ua* in *quality*, *iew* in *view*, *ui* (*oui*) in *Louis*, or *whea* in *wheat*

2 Words of two or more syllables, ending in a consonant other than *n* or *s*, or in *y*, have the stress on the last syllable, as, **papel**, pah-payl' (*paper*), **estoy**, es-toh'ee (*I am*)

3 Whenever there is a departure from either of these rules, the written accent is used, in which case the stress should be on the letter so marked, as, **sofa** soh-fah' (*sofa*), **cortés**, kor-tays' (*poute*), **lágrima**, lah'gree-mah (*tear*), **arbol**, arr'boll (*tree*)

4 The accent is also marked

(*a*) To indicate the dissolution of vowels that might form a diphthong or a triphthong, as, **geometría** 'hay-o-may-tree'ah (*geometry*), **mío**, mee'oh (*my*)

(*b*) To distinguish between words having the same form, but differing in meaning or in office **dé** (part of the verb **dar**) from the preposition **de**, **ése**, **éste**, **aquél**, demonstrative pronouns, from the demonstrative adjectives, **ese**, **este**, **aquel**, **él**, personal pronoun, from **el**, definite article, the interrogative pronouns and adverbs **qué**, **quién**, **cuál**, **cómo**, **cuándo**, **dónde** from the relatives **que**, **quien**, **cual**, **como**, **cuando**, **donde**

(*c*) Arbitrarily in monosyllabic past absolutes, **fui**, **fué**, **ví**, **vió**, **di**, **dió**, etc

5 Two strong vowels do not form a diphthong The accent therefore is not required to show that the two vowels are pronounced as two syllables **feo**, fay'oh (*ugh*), **leer**, lay-ayr' (*to read*)

VIII La División de Palabras en Sílabas (*The Division of Words into Syllables*)

Syllables generally end in a vowel, as, **a-ma-ble**, ah-mah'blay (*amiable*) Two consonants usually divide, as, **man-za-na**, mahn-thah'nah (*apple*) A single consonant goes to the following syllable, as **pe-ra**, pay'rah (*pear*), and of three consonants, two form one syllable, and the third, another, as, **ins-tan-te**, eens-tahn'tay (*moment*) However, *t* followed by *r*, and *b*, *c*, *d*, *f*, *g*, and *p* followed by *l* or *r*, go to the next syllable, as, **a-bri-go**, ah-bree'goh (*shade*), **a-tra-er**, ah-trah-ayr' (*to attract*) The compound letters and the diphthongs (*q v*) and triphthongs (*q v.*) do not divide, as, **a-rro-jar**, ah-rroh-'har' (*to dart, fling*), **calle**, kahl'lyay (*street*)

PRIMER LIBRO DE ESPAÑOL

PRIMERA LECCION [1]

CONJUGACIÓN [2] DEL VERBO ESTAR

INDICATIVO PRESENTE AFIRMATIVO

Singular	yo [3] estoy	o estoy
	tú [3] estás	o estás
	él [3] está	o está
	ella [4] está	o está
	usted [5] está	
Plural	nosotros [6] (nosotras) estamos	o estamos
	vosotros [6] (vosotras) estáis	o estáis
	ellos [3] están	o están
	ellas [3] están	o están
	ustedes [5] están	

INTERROGATIVO

¿ Estoy yo ? [8]   ¿ Estamos nosotros (nosotras) ? [6]

¿ Estás tú ?   ¿ Estáis vosotros (vosotras) ? [6]

¿ Está él (ella) ?   ¿ Están ellos (ellas) ?

¿ Está usted (V) ? (*singular*)   ¿ Están ustedes (VV)) (*plural*)

---

[1] Pronúnciese *lek-thee-on'* La *c* se pronuncia antes (= delante) de *e* y de *i* como *th* en inglés

[2] La *j* ('ho'tah) se pronuncia como la *h* (ah'chay) inglesa con una fuerte aspiración y como el alemán *ch* en *ach*

[3] Los pronombres *yo, tú, el, ella, nosotros, vosotros, ellos, ellas* se omiten generalmente cuando no figuran de un modo enfático en la frase

[4] Pronúnciese *ayl'yah* La *ll* se pronuncia como *ll* en *William*.

[5] La lengua castellana (= española) tiene un pronombre peculiar *usted* en singular, *ustedes* en plural (*V* o *Vd* y *VV* o *Vds* por abreviatura) Este pronombre (*usted*) de la 3a (tercera) persona se usa con más frecuencia que los otros por cortesía

[6] El femenino de *nosotros, vosotros, ellos* es *nosotras, vosotras, ellas*

[7] *o* es una conjunción

[8] La ortografía española requiere el signo inverso (¿) de la interrogación al principio de una frase (= oración)

9

Una silla

Un hombre

🐟 Aquí está un [1] homb [ner]

🐟 Aquí está una [2] el,
silla. [2] El [3] hombre
está en la [3] silla. ¿Está
el hombre en (= so-
bre) la silla? Sí, [4] el
hombre (= el caballe-
ro) está en la silla 🐟 Aquí está
un hombre y [5] una silla, el hombre
está en la silla

🐟 Aquí está un libro ¿Está
el libro sobre la silla? No, [4] señor, [6]
el caballero
está sobre
la silla ¿Está el libro
sobre la mesa? Sí, señor,
el libro está sobre la mesa
¿Está el caballero sobre
la mesa? No, señor, el
caballero está sobre la silla,
el libro está sobre la mesa.
Aquí está *otra* [7] mesa y

Una mesa y un libro

otro libro. ¿Está el otro libro sobre la mesa? No,

---

1 *un* es un artículo, el artículo *indefinido* (= indeterminado), *un* es el
masculino, *una* el femenino Cf nota 7 (siete) 2 Pronúnciese *seel'yah*
3 *el* es el artículo definido (= determinado) *masculino*, *la* el femenino
4 *sí* es el adverbio de afirmación, *no* el adverbio de negación
5 *y* es una conjunción
6 *señor* corresponde a la palabra francesa *monsieur*, o a la inglesa *sir*
El femenino es *señora*. La ñ se pronuncia como *gn* en francés o *ni* en inglés
"*onion.*" Pronúnciese *say-nyor'* (señor) y *say-nyoh'rah* (señora).
7 *otra* es el femenino del adjetivo masculino *otro* El adjetivo es variable
en español y concuerda (de *concordar*) con el substantivo en género y número.

señor, el otro libro está *bajo* [1] la
mesa   Un libro (el primer [2]
libro) está sobre la mesa. y
el otro (el segundo, está
bajo (=debajo de) la mesa
¿Están los [3] dos (2) libros [4] debajo de la mesa?   No, señor.
el primero [2] está sobre la mesa
y el segundo está debajo de la
mesa   El caballero está sobre

Un libro bajo una mesa

la silla   ¿Está V. (usted) en una silla, Eduardo?
Sí, señor, estoy en una silla y los - dos libros [4] están
en la mesa.

¿Está Carlos en una silla o en una mesa?   Carlos
está en una silla   El caballero está en una silla, y
Carlos está en otra silla.   Aquí está una mesa, y
allí [5] está otra mesa   Allí están dos sillas, [4] una silla
para el caballero y otra para Carlos

¿Está el segundo libro en una mesa?   No, señor,
el segundo está debajo de una mesa, y el primer está
en la mesa.   ¿Está el segundo caballero en la silla?
No, señor, el primer caballero está en la silla, y el
otro no está en la silla.   ¿Estamos en la clase de
español?   Sí, señor, estamos en la clase de español
y estamos a la conclusión de la primera lección

---

[1] La pronunciación de *bajo* es *bah'hoh*   La *j* se pronuncia como la *h*
aspirada en inglés, o *ch* en alemán *ach*   Compárese p. 9, n 2
[2] *primer* es el adjetivo numeral masculino, abreviado de *primero*
[3] *los* es el plural del artículo definido *el*, y *las* es el plural de *la*
[4] En español el plural de los nombres se forma generalmente agregando
una s o es al singular.   *silla, sillas; papel, papeles*
[5] *allí* es lo contrario de *aquí* y más distante.

LECCIÓN SEGUNDA

INDICATIVO PRESENTE DEL VERBO **SER**[1]

	AFIRMATIVO	INTERROGATIVO
Singular	yo soy	¿ soy yo ?
	tú eres	¿ eres tú ?
	él es	¿ es él ?
	ella es	¿ es ella ?
	usted es	¿ es usted ?
Plural	nosotros somos	¿ somos nosotros ?
	vosotros sois	¿ sois vosotros ?
	ellos son	¿ son ellos ?
	ellas son	¿ son ellas ?
	ustedes son	¿ son ustedes ?

Un rey en un trono

Aquí está un rey ¿Está el rey en una silla? No, el rey está en un trono ¿Qué es "trono"? Un trono es un asiento ¿Es una silla un asiento? Sí, una silla es un asiento para una persona y un trono es para un rey.

Allí está otro asiento ¿Es una silla? No, señor. ¿Qué es? Es un sofá. Una silla es un asiento para una persona, y un sofá es un asiento para dos (2),

Un sofá

---

[1] *estar* se usa cuando la idea expresada por el substantivo, adjetivo o participio se considera como una idea de *estado transitorio o accidental* o cuando indica la *situación* que ocupan las personas o cosas (= objetos), *ser* denota *la existencia* y en general *lo esencial o permanente* de personas o cosas

tres (3), o cuatro (4) personas[1] ¿Está el caballero en un sofá? No, señor el caballero no está en un sofá, él está en una silla.

Aquí están tres (3) hombres Uno es americano,[2] uno es español y uno es francés[3] ¿Es V (usted) americano? No, señor, soy español. ¿Soy yo español? No, V es francés ¿Es Carlos francés? Sí, Carlos es francés. ¿Qué es Eduardo? Eduardo es inglés ¿Son los libros españoles?[4] El libro nuevo sobre la mesa es español y el otro libro debajo de la mesa es inglés.

Tres (3) hombres

Allí está una casa ¿Está V. en la casa? Sí, señor, estoy en la casa. ¿Está el rey en la casa? No, señor, el rey está en el palacio. ¿Qué es "palacio"? Un palacio es la residencia de un rey ¿Está V en un palacio? No, señor, yo estoy en una casa ¿Es la casa nueva?[5] Sí, la casa es nueva y magnífica.

Una casa nueva

---

1 El plural de los substantivos *terminados en vocal no acentuada* se forma en s *un libro, dos libros, una persona, dos personas* y con la sílaba *es* en vocal acentuada o en consonante *profesor, profesores, rubí, rubíes.*

2 El artículo indeterminado se omite delante de un adjetivo de nación Los adjetivos de nación usan letras *minúsculas* en español y no *mayúsculas.*

3 Pronúnciese *frahn-thays* La *c* ante las vocales *e o i* se pronuncia como *th* en inglés.

4 *españoles* es el plural de *español*

5 *nueva* y *vieja* son femeninos de *nuevo* y *viejo* El femenino de los adjetivos terminados en *o* termina en *a.* Cf p 10, n 7 y p. 14, n 1

Una casa vieja

Aquí está otra casa. Es una casa vieja[1] ¿Qué es "vieja"? *Vieja* es lo[2] contrario de *nueva* ¿Es el libro en español nuevo? (= ¿es nuevo el libro[3] en español?) Sí, el libro en español es nuevo y el libro en inglés es viejo ¿Y los libros en francés? Los libros en francés son viejos[4]

LECCIÓN TERCERA

INDICATIVO PRESENTE DEL VERBO TENER

	AFIRMATIVO	INTERROGATIVO
Singular	yo tengo	¿tengo yo?
	tú tienes	¿tienes tú?
	él tiene	¿tiene él?
	ella tiene	¿tiene ella?
	usted tiene	¿tiene usted?
Plural	nosotros tenemos	¿tenemos nosotros?
	vosotros tenéis	¿tenéis vosotros?
	ellos tienen	¿tienen ellos?
	ellas tienen	¿tienen ellas?
	ustedes tienen	¿tienen ustedes?

---

[1] Nótese la posición del adjetivo, que en español está (generalmente) *después* (lo contrario de *antes*) del nombre (= substantivo)

[2] *lo* es el artículo neutro, y precede adjetivos, adverbios, etc.

[3] En esta construcción, el nominativo está al *fin* de la frase Esta construcción es más elegante (*más* es el comparativo de *mucho*.)

[4] El plural de los adjetivos se forma como el plural de los nombres. Véase p 18, nota 2, y compárese p 13, nota 1 y p 15, nota 2

Aquí están un hombre y un muchacho.[1] El hombre es un maestro (= profesor) y el muchacho es un discípulo. Los profesores[2] y los discípulos están en la escuela ¿Qué es "escuela"? Una escuela

El maestro y el discípulo

es un establecimiento (= institución) en donde (= en la que[3]) los discípulos (= alumnos) reciben[4] instrucción ¿Es V. una discípula?[5] Sí, señor, soy una discípula y estoy en una escuela.

¿Está el maestro en un banco o en una silla? Él está en una silla. ¿Está el muchacho sentado[6] en un banco? No, el muchacho está parado (= de pie).[7] ¿Está el profesor de pie? No, señor, el profesor está sentado en una silla ¿Está el banco en la escuela? Sí, el banco y la silla están en la escuela La silla es para el maestro, y el banco es para los muchachos

Un banco

---

[1] *muchacho* se pronuncia *moo-tshah'tshoh*

[2] El plural de los substantivos terminados en *consonante* termina en *es* un *profesor,* dos *profesores.* Compárese p 13, n 1

[3] *que* es aquí un pronombre *relativo,* diferente de "*qué,*" pronombre *interrogativo* Cf p 8, VII, 4 b

[4] *reciben* es la 3ª persona plural del presente de indicativo del verbo *recibir* (cf p 39, L IX)

[5] El femenino de *profesor* es *profesora* y de *discípulo* es *discípula*

[6] *sentado* es el participio pasivo de *sentar*

[7] *parado* es lo contrario de *sentado*, *de pie* (= *en pie*) se usa de preferencia.

¿Qué tiene el maestro? El maestro tiene un libro español. ¿Qué tiene el muchacho? El mu chacho tiene otro libro ¿Qué libro tiene el muchacho? Él tiene un libro francés

¿Qué objeto está entre el profesor y el discípulo? Un pupitre ¿Qué es "pupitre"? Un pupitre es una mesa para escribir. El profesor está sentado *detrás*[1] del[2] pupitre. ¿Está el muchacho sentado detrás del pupitre? No, el muchacho está en pie delante (=en frente) del maestro.

¿Está el muchacho en una clase? Sí, el muchacho es un discípulo, el discípulo está en la clase. ¿Está la clase en la casa? Sí, la clase está en una sala (= un cuarto) de la escuela

Un tintero

¿Qué objeto está sobre el pupitre? Es[3] un tintero ¿Qué contiene[4] el tintero? El tintero contiene tinta ¿Qué es "tinta"? La tinta es un flúido (=líquido) ¿Qué objeto está en el tintero del maestro? Una pluma. La pluma está en el líquido (=la tinta) y la tinta está en el tintero El tintero está sobre el pupitre ¿Es el pupitre un mueble de la escuela? Por cierto, es un mueble muy indispensable en las clases como el escritorio en las bibliotecas.

---

[1] *detrás* es lo contrario de *delante* (= en frente)

[2] *del* es una contracción de la preposición *de* y del artículo masculino singular *el.*

[3] Nótese la omisión del pronombre *es* representa el pronombre y el verbo. En español el verbo se usa generalmente sin el pronombre

[4] *contiene* es la 3ª persona singular del presente de indicativo del verbo *contener*, que se conjuga como *tener* Véase p 14

¿Tiene V un tintero? Sí, señor, tengo un tintero y una pluma ¿Tienen los muchachos en la escuela tinteros y plumas? Sí, ellos tienen tinteros y plumas. ¿Tiene V tinta en el tintero? Sí, tengo, pero deseo (= quiero) pluma y papel para escribir

¿De qué color es la tinta? La tinta es generalmente de color negro ¿Es V negro? No, yo soy americano El negro es africano, él es de color negro ¿De qué color es el indio? El indio es de color rojizo[1] ¿De qué color es el

Un negro

Un indio

Un chino

chino? El chino es de color amarillo. El chino, el indio y el africano (= negro) son tipos de tres razas[2] diferentes

¿De qué color es V? Yo soy blanco Yo soy europeo Los europeos y los americanos son blancos. ¿De qué raza somos los dos (= usted y yo)? (Nosotros) somos de la raza caucásica. ¿De qué color es Carlos? Él[3] es blanco. ¿De qué color son los muchachos en la escuela? Ambos (= los dos) son blancos, y alumnos distinguidos.

---

[1] *rojizo* (pron roh 'hee'thoh) es derivado de *rojo*, sinónimo de *colorado*, *rubeo*, etc. [2] Pronúnciese *rah'thahss* [3] Los pronombres personales se usan en español solamente por énfasis.

LECCIÓN CUARTA

FORMA NEGATIVA DE LOS VERBOS ESTAR Y SER

NEGATIVO	NEGATIVO INTERROGATIVO
yo no estoy	¿ no soy yo ?
tú no estás	¿ no eres tú ?
él no está	¿ no es él ?
ella no está	¿ no es ella ?
usted no está	¿ no es usted ?
nosotros no estamos	¿ no somos nosotros ?
vosotros no estáis	¿ no sois vosotros ?
ellos no están	¿ no son ellos ?
ellas no están	¿ no son ellas ?
ustedes no están	¿ no son ustedes ?

Una señora

Una muchacha

Aquí está una señora. ¿ Está la señora sentada ?[1] No, la señora no está sentada; ella está de pie ¿ Está V. sentado ? No, señor, yo no estoy sentado, yo estoy de pie. Los otros[2] muchachos están sentados ¿ Están sentadas[1] las muchachas ?[3] Sí, señor, ellas están sentadas ¿ Están ellas sentadas en bancos ? Ellas están sentadas en sillas y no en bancos.

---

[1] *sentada* es el participio pasivo femenino de *sentar, sentando* es el gerundio (compárese página 52) El participio pasivo acompañado de los verbos *ser* y *estar* tiene el g é n e r o y el n ú m e r o del n o m b r e (= substantivo); por ejemplo *las señoritas no están sentadas.*

[2] El plural de los adjetivos se forma como el plural de los nombres: *otro, otros.* [3] *muchachas* es el plural de *muchacha*

Una señora y un niño

Aquí está otra señora La señora tiene un niño [1] ¿Es la señora la madre del niño? Sí, ella es la madre del niño y está sentada en sillón [2] (= una silla poltrona) ¿Qué es "si-llón"? Un sillón es un asiento más [3] cómodo que una silla ¿Está el niño sentado? No el niño no está sentado, está de pie en la falda de la madre. ¿Es el niño grande [4] o pequeño? El niño es pequeño, los niños son pequeños ¿Es grande la muchacha? (= ¿es la muchacha grande?) La muchacha es pequeña, pero [5] ella es más grande que el niño, y la madre es más alta (= grande) que la muchacha.

Aquí están un brazo y una mano.[6] Una mano y una mano son dos manos ¿Tiene

Un brazo y una mano

---

1 Pronúnciese *nee'nyoh*   2 Pronúnciese *seel-tyon'*

3 El comparativo de los adjetivos se forma con el adverbio *más* que se antepone al positivo Ejemplo *Andalucía es más extensa que Valencia*

4 *grande* (= alto) es lo contrario de *pequeño* Un hombre es grande o alto, un niño es pequeño

5 *pero* es una *conjunción adversativa* que sirve para indicar oposición

6 La palabra *mano* se termina en o pero es femenina

Y dos manos, Carlos? Sí, señor, tengo dos manos como Y ¿Cuántas[1] manos tiene Juan? Él tiene también (= igualmente) dos manos Una mano tiene cinco (5) dedos ¿Cuántos dedos? Cinco dedos Una mano tiene cinco dedos.

Una mano

¡Cuente[2] los dedos, Carlos! Un dedo, dos dedos, tres dedos, cuatro dedos, cinco dedos

Y ¿Cuál[3] es el primer (1er) dedo? El primer dedo es el dedo *pulgar* ¿Cuál es el segundo dedo? El segundo (2º) dedo es el dedo índice ¿Cuál es el tercer[4] (3er) dedo? El tercer dedo es el dedo de en medio ¿Qué es medio? Medio tiene la significación de "a igual distancia de dos extremos" ¿Cuál es el cuarto (4º) dedo? El cuarto dedo es el dedo anular ¿Cuál es el quinto (5º) dedo? El quinto dedo es el dedo meñique (= pequeño)

¿Dónde[5] está el dedo "índice"? El dedo índice está entre el dedo "pulgar" y el dedo de "en medio," y el dedo de en medio entre el dedo "índice" y el dedo "anular" El último dedo es el dedo meñique ¿Cuál es el *mayor*[6] (más grande) de los

---

[1] *cuántas*, adjetivo en el femenino plural (*cuánto*, masculino singular), es sinónimo de *qué cantidad*, de *qué número*

[2] *cuente* es el imperativo del verbo *contar*

[3] *cuál* (plural *cuáles*) es un pronombre interrogativo de ambos géneros.

[4] *tercero* omite la *o* cuando precede un substantivo masculino.

[5] *¿dónde?* = ¿en qué localidad?

[6] *mayor* es el comparativo irregular de *grande*

dedos? El dedo de en medio es el mayor. ¿Cuál
es el *menor* [1] (= más pequeño) de los dedos? El
dedo meñique es el menor

¿Cuál es el más fuerte? El dedo pulgar es el
más fuerte. ¿Qué es "fuerte"? Fuerte es lo contrario de débil Un hombre es fuerte, una niña
es "débil" ¿Es V fuerte. Jorge? Sí, señor, yo
soy grande y fuerte, yo soy más fuerte que Enrique.
Un hombre fuerte tiene mucha fuerza. ¿Es
María fuerte? [2] No, María es una muchacha, y no
es fuerte.

Un hombre tiene dos brazos, dos manos y diez
(10) dedos ¿Qué es "diez"? Cinco y uno son
seis (6), seis y uno son siete (7), siete y uno son
ocho (8), ocho y uno son nueve (9), nueve y
uno son diez (10), yo tengo dos brazos y dos
manos, y cada [3] mano tiene cinco dedos Dos
manos tienen diez dedos

Aquí está una pierna
y un pie. ¿Cuántas pier-
nas y cuántos pies tiene
un hombre? Un hombre

Un pie

tiene dos piernas y dos pies ¿Tiene
un pie cinco, dedos? Sí, una mano
tiene cinco dedos, y un pie tiene también cinco dedos ¿Tiene el pie un

Una pierna y un pie

---

[1] *menor* es el comparativo irregular de *pequeño*

[2] Los adjetivos terminados en *e* en el masculino, no varían para el
femenino.

[3] *cada* es un adjetivo indefinido que *individualiza* un objeto Es
común a los dos géneros.

dedo pulgar? No, señor, el dedo del pie que corresponde al dedo pulgar de la mano es el dedo g o r d o El dedo gordo es el más grande de los dedos del pie ¿Qué es "gordo"? Gordo es sinónimo de c o r p u l e n t o ₁¹ Está bien! ₁ Está muy² bien!

LECCIÓN QUINTA

INDICATIVO PRESENTE DE **HABLAR** Y **DESEAR**

PRIMERA CONJUGACIÓN

AFIRMATIVO	INTERROGATIVO
yo hablo	¿deseo yo?
tú hablas	¿deseas tú?
él (o ella) habla	¿desea él (o ella)?
usted habla	¿desea usted?
nosotros hablamos	¿deseamos nosotros?
vosotros habláis	¿deseáis vosotros?
ellos (o ellas) hablan	¿desean ellos (o ellas)?
ustedes hablan	¿desean ustedes?

Un gato

Aquí está un animal. ¿Qué animal es? Es un g a t o Julio, ¿tienes tú un gato? Sí, señor, tengo un gato ¿Tienes tú un gato grande o un gato pequeño? Tengo un gato pequeño. ¿Tiene Arturo un gato también? Sí tiene uno ¿Dónde está el gato? El gato está allí en frente de la v e n t a n a

---

¹ La ortografía española requiere el signo inverso (¡) de la exclamación
² *muy* es un adverbio de cantidad y significa *en sumo grado*.

¿Qué es "ventana"? Aquí está una ventana   Ventana es una abertura en una casa o edificio.   Una puerta es también una abertura, pero la puerta es para entrar en una casa   Una casa tiene varias (= diferentes) puertas y ventanas

Una ventana

Nosotros entramos[1] por

Una puerta

la puerta, y miramos por la ventana   ¿Qué es "miramos"? El infinitivo de miramos es mirar, verbo regular de la primera conjugación   ¿Qué significa[2] mirar?   Para explicar "mirar" es necesario (= preciso) hablar del ojo

Aquí está un *ojo*.[3]   Un hombre tiene dos ojos   Yo tengo dos ojos, y V tiene dos ojos.

¿Tiene Carlos dos ojos?   Sí, él tiene dos ojos también   Todos[4] tenemos dos ojos   ¿Tiene el gato dos ojos?   Sí, los animales tienen dos ojos, como nosotros.

Un ojo

---

1 *entramos* es la primera persona plural del indicativo presente del verbo *entrar*   Compárese *hablar*, p 22

2 El infinitivo de significa es *significar*   3 Pronúnciese *oh'hoh*

4 *todo* (pl. *todos*), adjetivo numeral, expresa *la totalidad*

Miramos (= vemos¹) con los ojos Los ojos
sirven² para mirar (= ver) Mirar es fijar los
ojos en un objeto. ¿Con qué mira V, Carlos?
Yo miro con los ojos ¿Qué mira V? Yo miro
la casa.

Aquí está otro animal ¿Qué
animal es? Es una *oveja* ¿Tiene
la oveja manos? No, una oveja
y un gato tienen patas (= pies)
y no manos

Una oveja

¿Habla la oveja? No, señor,
la oveja no habla, la oveja es un animal Los animales no hablan La oveja bala, el gato maulla,
pero el hombre habla ¿Habla V. Carlos? Sí,
señor, yo hablo ¿Qué habla V? Hablo inglés.
¿Qué hablan VV (ustedes)? En la clase de francés,
hablamos francés, y en la clase de español hablamos
español En las otras clases hablamos inglés ¿Habla
María inglés? No, señor, María no habla inglés,
ella habla alemán Ella es de Berlín Berlín
está en Prusia Prusia está en Alemania ¿Estamos
nosotros en Alemania? No, señor, estamos en
Nueva York, en América.

¿De qué conjugación es el verbo *hablar*? El
verbo *hablar* es de la primera conjugación Todos
los verbos terminados en *ar* en el infinitivo son de
la primera conjugación ¿De qué conjugación son

---

¹ El infinitivo de *vemos* es *ver*, verbo de la 2ª conjugación y se conjuga en el
presente *veo, ves, ve, vemos, veis, ven* Véase (= compárese) L VII, p 30.

² *sirven* es de *servir*, verbo de la 3ª conjugación y se conjuga en el presente. *sirvo, sirves, sirve, servimos, servís, sirven* Véase L. IX, p 39.

verbos *estar, entrar, mirar, significar fijar, balar, maullar, comprar*? Son de la primera conjugación como *hablar* ¿Qué significa comprar? "Comprar" es obtener un objeto por dinero

¿Qué es "dinero"? Dinero es moneda corriente para facilitar las transacciones comerciales. En la próxima página (26) tenemos una moneda El dinero es de oro, plata, cobre, o de papel. El "oro," la "plata" y el "cobre" son metales El oro y la plata son metales preciosos ¿Es el "cobre" un metal precioso? No, el cobre es un metal común "Común" es lo contrario de raro (=precioso)

¿De qué color es el oro? El oro es de color amarillo. ¿Y la plata? La plata es de color blanco. ¿Y el cobre? De color rojizo (=rojo).

¿De qué color es el ojo? Algunos ojos son negros, otros son azules (=de color azul), y también de otros colores ¿Tiene V. ojos azules? No, señor, tengo ojos negros ¿Conoce V. la palabra "azul"? ·No, señor. El cielo (=firmamento) es de color azul. El astrónomo estudia el cielo' (=los cielos)

¿Tiene V dinero, Carlos? Sí, señor, tengo dinero, pero no tengo mucho (=gran cantidad) Los muchachos no tienen mucho dinero ¿Cuánto dinero tiene V.? Tengo cinco pesos un peso en oro, dos pesos en plata, y dos pesos en papel.

¿Qué es "peso"? Un peso es una moneda del valor de cien (100) centavos. ¿Es papel un metal? No, señor, el papel no es un metal, es

una materia común   Los libros son de papel
¿De qué color es el papel?   El papel para libros es
blanco   ¿No tiene V papel de otro
color?   Sí, tengo papel de diferentes
colores, pero uso¹ más² papel blanco
que² papel de color   ¿Usa V. mucho
papel?   Sí, señor, uso mucho en la
escuela, pero menos que³ V   Todos los muchachos usan papel, plumas y tinta en la escuela para
escribir.

Una moneda

LECCIÓN SEXTA

ADJETIVOS Y PRONOMBRES POSESIVOS⁴

SINGULAR	PLURAL
mi o mío (mía)	mis o míos (mías)
tu o tuyo (tuya)	tus o tuyos (tuyas)
su o suyo (suya)	sus o suyos (suyas)
su o el (la)—de V.	sus o los (las)—de V.
nuestro (nuestra)	nuestros (nuestras)
vuestro (vuestra)	vuestros (vuestras)
su o el (la)—de ellos (ellas)	sus o los (las)—de ellos (ellas)
su o el (la)—de VV	sus o los (las)—de VV.

---

¹ Del verbo *usar* (*usando, usado*), 1ª conjugación

² *más*   *que* sirve para el comparativo de superioridad

³ *menos*   *que* sirve para el comparativo de inferioridad.

⁴ Los adjetivos posesivos significan posesión, y concuerdan en persona con el poseedor, mientras que en género y número concuerdan con el objeto poseído. *Mi, tu, su* se usan antes y *mío, tuyo, suyo* después del nombre, *nuestro* y *vuestro* antes y después del nombre   Cuando estas formas se usan con artículo determinado y sin substantivo son *pronombres posesivos*

Aquí tenemos una cara ¿Qué cara es? Es la cara de un hombre. Y ¿por qué no la cara de una mujer (= señora)? Una mujer no tiene bigote,[1] y la cara (aquí) tiene bigote

Y V, Mauricio, ¿tiene V bigote? No, señor, yo no tengo bigote, yo soy un muchacho Los muchachos no tienen bigote Mi padre tiene bigote, pero su bigote es blanco, él es viejo

1 El pelo (= cabello)
2 La frente
3 El ojo
4 La nariz
5 El bigote
6 La boca

Una cara de hombre

¿Es V viejo? No, señor, yo no soy viejo, yo soy joven ¿Qué es "joven"? Joven es también lo contrario de "viejo Nuevo es para las cosas (= los objetos), y joven es para las personas Una cosa es nueva (y no joven), un muchacho es joven (y no nuevo)

¿Qué es eso?[2] Es un gorro (= una gorra). ¿Tiene V. un gorro? No, señor, tengo un sombrero. ¿Dónde está el sombrero de V? Mi sombrero está aquí. ¿Es un sombrero viejo? No, es un sombrero nuevo.

Un gorro

Un sombrero

¿Tiene Carlos un sombrero también? No, Carlos

---

1 *bigote* es el *pelo* en el labio superior La boca tiene dos labios, el labio superior y el labio inferior

2 *esto* y *eso* son pronombres demostrativos neutros, eso designa un objeto más distante (= contrario de cercano) Véase L VIII

tiene un gorro   ¿ Dónde está el gorro de Carlos?
Está en su cuarto sobre la mesa   ¿ Qué es
cuarto? Un cuarto es una parte (= división
o sección) de una casa   Una casa tiene varios
(= diferentes) cuartos   Estamos en un cuarto
La clase está en un cuarto de la escuela   Un
cuarto tiene ventanas y puertas   Por la puerta
entramos en el cuarto

¿ Tiene V muchos cuartos en su casa? Nuestra
casa es una casa pequeña, y tiene solamente
(= únicamente) diez cuartos   Y V, Carlos, ¿ tiene
V una casa? No, señor, yo no tengo casa, pero
mi padre tiene una casa grande en una de las principales calles de Nueva York

¿ Qué es "calle"?[1] Broadway es una calle en
Nueva York. Una calle es el espacio entre dos
hileras (= líneas) de casas   Nueva York tiene
muchas calles   Una ciudad tiene varias calles.

¿ Qué es "ciudad"? Una ciudad es una reunión de casas y de habitantes[2] Nueva York
es una ciudad. Boston es también una ciudad
Son[3] dos ciudades de América ¿ Está Filadelfia
en América? Sí, señor, Filadelfia está en América, como Nueva York, Filadelfia es también una
ciudad

¿ Dónde está París? París está en Francia ¿ Qué
ciudad es Nueva York? Es una grande y rica
ciudad. "Rica," femenino de rico, es lo contrario

---

de p o b r e   Un hombre (= una persona) que tiene
mucho dinero es " rico "   Un hombre que no tiene
dinero es " p o b r e "

Aquí está una o r e j a ¹ Tenemos dos
orejas   V. tiene dos orejas, y yo tengo
dos orejas   ¿ Dónde están las orejas?
Las orejas y los ojos están c o l o c a d o s²
en la c a b e z a

Una oreja

¿ Qué es " cabeza " ? La cabeza es la
parte superior de la persona (= e s t r u c-
t u r a h u m a n a)   La cara es parte de
la cabeza ¿ Es la parte a n t e r i o r o p o s t e r i o r
de la cabeza ? Es la parte anterior La n a r i z³ y
la b o c a son también partes de la cara   Tenemos
dos ojos, una nariz una boca y dos orejas

¿ Qué f o r m a tiene la cabeza ? La cabeza es de
forma r e d o n d a   Una
bola es redonda   Un
globo es redondo ¿ Qué
es " globo " ? Aquí está
un globo   El globo es la
r e p r e s e n t a c i ó n de
la t i e r r a   La " t i e r r a "
(= el mundo) es redonda
como una bola   Nuestro
mundo está c o m p u e s t o⁴
de tierra y agua   El
agua es un líquido   La tierra es un sólido

Un globo

---

¹ Pronúnciese *oh-ray'hah.*
² *colocados* es el participio pasivo plural del verbo *colocar*
³ Pronúnciese *nah-reeth'*   ⁴ Participio pasivo de *componer*

¿Cuáles son las divisiones naturales de la tierra? Continentes islas, penínsulas, istmos, cabos y montañas

¿Qué es "cabo"? Una punta de tierra que avanza[1] en el agua ¿Qué es montaña? Una vasta elevación de tierra, como los Alpes, los Pirineos, etc (= etcétera) ¿Dónde están las montañas más elevadas[2] En Asia y América, que son dos continentes

¿Cuáles son las divisiones naturales del agua? Océanos, mares, golfos, bahías, estrechos, lagos y ríos[3] ¿Cuáles son las divisiones políticas de la tierra? Los imperios, los reinos, las repúblicas, los estados, etc

---

LECCIÓN SÉPTIMA

INDICATIVO PRESENTE DE LOS VERBOS VENDER Y VER

SEGUNDA CONJUGACIÓN

AFIRMATIVO	INTERROGATIVO
(yo) vendo	¿veo yo?
(tú) vendes	¿ves tú?
(él, ella) vende	¿ve él (ella)?
usted vende	¿ve usted?
(nosotros) vendemos	¿vemos nosotros?
(vosotros) vendéis	¿veis vosotros?
(ellos, ellas) venden	¿ven ellos (ellas)?
ustedes venden	¿ven ustedes?

---

[1] El infinitivo de *avanza* es *avanzar*, de la primera conjugación
[2] Participio pasivo femenino plural del verbo *elevar*   [3] Véase p. 57

Vemos aquí una carnicería El hombre que está de pie en la puerta es un carnicero. Él vende carne ¿Qué es "vende"? "Vende" es parte del verbo vender "Vender" es un verbo de la se-

Un carnicero en su carnicería

gunda conjugación Los verbos de esta conjugación terminan en *er*. Vender significa *ceder* algún (= un) objeto por una compensación. Vender es lo contrario de comprar El carnicero vende la carne y nosotros la compramos a él. Él vende la carne de los animales en la carnicería.

¿Qué vende V ? Yo no vendo nada.[1] ¿Quién vende algo (= alguna cosa)? El comerciante (= mercader) vende algo. ¿Qué vende él? Él vende mercancías. El comerciante compra las mercancías que después vende en diferentes países. ¿Qué es "países"? Es el plural de país. Pero ¿qué es "país"? Un país es un territorio habitado[2] por una nación (= un pueblo) ¿Es Nueva York un país? No, Nueva York es una ciudad. Francia es un país, Inglaterra es un país; Italia,

---

[1] *nada* (= ninguna [negación de "una"] cosa o ningún objeto) requiere otra negación cuando va después del verbo

[2] *habitado* es el participio pasivo de *habitar*,

España Méjico son países ¿No es Méjico una
ciudad? Sí, Méjico es también una ciudad La
ciudad de Méjico es la capital del país Méjico
¿Comprende· V la significación de país
ahora (= al presente)? Sí, yo comprendo perfectamente

¿Vende el comerciante sus mercancías en una
carnicería? No, una carnicería es para vender
carne solamente ¿Dónde vende el comerciante
las mercancías? Él vende las mercancías en un
almacén ¿Qué es un "almacén"? ¿No sabe
V lo que es un almacén? No, señor, no lo sé
Un almacén es una parte de una casa, generalmente la parte inferior donde están depositados
los objetos que el comerciante ofrece[2] al público El comerciante o tendero tiene dependientes que venden para él Un tendero
es un mercader que vende al detalle (por
menor) El almacén de un tendero es una tienda. El comerciante vende *por* mayor, el
tendero compra al comerciante ¿Qué es "dependiente"? Un dependiente es una persona
empleada en una casa de comercio por un
comerciante ¿Es V dependiente? No, señor
yo soy un discípulo ¿Es Carlos dependiente?
Sí, Carlos es dependiente en una casa bancaria.
El comerciante que tiene una casa bancaria es
un banquero

Aquí está un buque de vapor y aquí está un buque de vela Un buque de vapor es el que tiene una máquina que opera por el vapor El vapor es agua volatilizada[2] por el calor Calor es lo contrario de frío Siberia es un país frío,

Un buque de vapor

Un buque de vela

y África es un país cálido (= caliente) Un buque de vela no tiene máquina El agente motor en los buques de vela es el viento Las velas recíben[3] el viento ¿Sabe V lo que son las velas? Sí, señor con el buque delante de los ojos, comprendo perfectamente Si[4] el buque no es de vapor, es de vela ¿Sabe V lo que es el viento? Sí, también lo sé, si el agente motor no es el vapor, es indudablemente (= sin duda) el viento. Algunos buques de vapor usan también velas, en caso de accidente en la máquina

Los buques de vapor y de vela hacen[5] viajes (= tránsitos) de un país a otro, de Europa a Amé-

---

1 Infinitivo *operar*
2 Participio pasivo en el femenino de *volatilizar* Véase p 43.
3 *recibir* (*recibiendo*, *recibido*), 3ª conjugación Véase p 39
4 *si* es aquí una conjunción usada con cuestión dependiente
5 *hacen* (= efectúan) del verbo *hacer* (= efectuar) Véase p 73

rica, y de América a Europa   De Europa t r a e n [1]
= i m p o r t a n [1]) toda clase de mercancías para los
comerciantes americanos, y l l e v a n [1] (= e x p o r t a n [1])
de América g r a n o s (= c e r e a l e s), c a r n e s a l a-
d a [2] y otros p r o d u c t o s de las manufacturas del
país   Los buques llevan también p a s a j e r o s

  ¿ De qué conjugación son los verbos *comprender,*
hacer, traer que tenemos en esta lección?   Son de la
segunda conjugación como vender   ¿ De qué conjugación es el verbo s a b e r ?   De la segunda conjugación también, pues (= por la r a z ó n que) termina en
er. ¿ Qué significa "saber"?   Saber es tener i n f o r -
m a c i ó n de algo (= una cosa), como *saber la lección,*
saber el inglés, saber la h i s t o r i a   Ahora comprendo

  ¿ Dónde está Carlos ?   Yo no *sé*   Yo no sé dónde
está Carlos   El verbo *saber* es irregular, y la primera persona del indicativo presente es "yo sé"
Las otras personas son regulares, *tú sabes, él* o *ella*
sabe, nosotros sabemos, vosotros sabéis (usted sabe,
sing., *ustedes saben,* plur), *ellos* o *ellas saben*
¿ Sabe V ahora ?   Sí, señor, yo lo sé

  ¿ De qué verbo viene r e c i b e n ?   Del verbo
recibir   ¿ De qué conjugación es el verbo *recibir ?*
De la tercera conjugación   ¿ Sabe V algo de los
verbos de la tercera conjugación ?   No, señor, los
verbos de esta [3] conjugación están en una lección
más adelante (= próxima)   Muy bien.

---

[1] Los infinitivos son *traer, importar, llevar, exportar.*

[2] Participio pasivo en el femenino de *salar* (= conservar en sal)   La
sal es un mineral.   El agua del mar contiene s a l

[3] *esta* es el femenino del adjetivo demostrativo *este*

LECCIÓN OCTAVA

ADJETIVOS DEMOSTRATIVOS

SINGULAR			PLURAL [1]	
Masculino	Femenino	Neutro	Masculino	Femenino
este	esta	esto	estos	estas
ese	esa	eso	esos	esas
aquel	aquella	aquello	aquellos	aquellas

Este pobre hombre es ciego ¿Es él viejo o joven? Él es viejo, muy viejo ¿No tiene él ojos? Sí, tiene ojos, pero él no ve. ¿Por qué no? Él es ciego Para los ciegos, el día es obscuro como la noche (Ellos) no ven ni[2] el cielo, ni los árboles, ni las caras de las personas, ni las flores de los jardines.

Un ciego y una niña

En esta lección tenemos muchas palabras nuevas, como "día,"[3] "noche," etc Para hablar usamos palabras En la clase de español usamos palabras españolas Las otras palabras nuevas son

---

[1] El pronombre demostrativo neutro no tiene plural.

[2] ni requiere otra negación ni ni

[3] El día es la división solar del tiempo, y tiene veinticuatro (24) horas La hora tiene sesenta (60) minutos. Véase pp 88-89

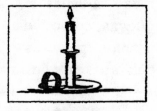

obscura, ... dela ... á ...es "flores" "jardines"
¿Comprende V estas palabras? No todas   El día
es un espacio de veinticuatro 24 horas. Día es
también el tiempo en que la claridad del sol
dura sobre el horizonte   'Noche' es lo
contrario de día es el tiempo en que el sol está
debajo del horizonte   La noche es obscura y el día
es claro, porque durante el día tenemos
el sol que alumbra [2] (= ilumina) la tierra.
El sol es el agente más útil de la
naturaleza, porque es el principio
y la fuente de la luz y del calor,
estas dos condiciones indispensables (= esenciales) de la vida (= existencia) sobre la tierra.
Las plantas, los animales y el hombre necesitan [3]
(= requieren) luz y calor para vivir (= existir).

El sol y sus rayos

Durante la noche no vemos el sol, pero vemos
la luna y las estrellas. La luna es el cuerpo
celeste (= astro) más cercano (= próximo) de la
tierra, y alumbra por (= durante) la noche Las
"estrellas" son, como el sol y la luna, cuerpos
celestes y luminosos. La luna y las estrellas no
son suficientes para alumbrar durante la noche,
y necesitamos [1] luz artificial
para ver.

Aquí tiene V una luz artificial Es una bujía o vela de
esperma o de otra substancia,
en su candelero El gas,

Una bujía

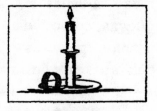

Una bujía

[1] Del verbo durar   [2] Del verbo alumbrar   [3] Del verbo necesitar

que es un flúido invisible como el aire y la
luz eléctrica, son también luces artificiales mas
usadas hoy

Aquí está un árbol Un ár-
bol tiene un tronco y varias
ramas Este árbol está en un
bosque. Un "bosque" es
un sitio poblado[1] de árboles silvestres, generalmente de
diferentes especies Tenemos también árboles en
los jardines, pero un jardín es generalmente para
cultivar flores

Un coche de dos caballos

Aquí está un co-
che de dos caballos
Cuatro personas están
en el coche tres se-
ñoras y un caballero.
El *cochero* dirige[2] los
caballos. Él está sentado delante, y tiene un asiento
más alto (= elevado) que las personas en el coche
(= carruaje) Uno de los caballos es blanco, y el
otro es negro ¿Tienen todos los carruajes dos
caballos? No, señor, muchos carruajes tienen sólo
un caballo. Los coches de los ricos tienen generalmente dos caballos, y también cuatro caballos.
¿Que otro animal ve V. en este grabado? Veo
a un perro que corre[3] al lado de (= junto a) los

1 Participio pasivo del verbo *poblar* (*poblando, poblado*).
2 Del verbo *dirigir* (3ª con)
3 Del verbo *correr* = moverse con velocidad.

caballos   Este coche es muy elegante, y los caballos son muy hermosos [1]

¿ Tiene V un coche, Antonio ?   No, señor, yo no tengo coche, pero tengo un caballo   Aquí está mi

Un caballo

caballo   ¿ Sabe V montar a caballo ? Sí, señor, yo monto bien a caballo   ¿ De qué color es su caballo ? Mi caballo es negro   ¿ Dónde monta V a caballo ? En el parque, cuando el tiempo está favorable   ¿ Qué significa "tiempo" ? Tiempo tiene varias significaciones en español   Aquí, tiempo significa temperatura. Ahora (= al presente) tenemos muy buen [2] tiempo, y es muy agradable montar a caballo

¿ Qué representa este grabado ? Un niño y una niña   El niño (= muchacho) es el hermano de la niña (= muchacha), y la niña es la hermana del niño   Cuando un mu-

Dos niños

chacho y una muchacha tienen el mismo [3] padre y la misma madre, son hermano y hermana

Si dos muchachos o dos muchachas tienen el mismo padre y la misma madre, son hermanos o

---

[1] Un objeto hermoso (= bello) es agradable a la vista (= a los ojos)

[2] El adjetivo bueno omite la o cuando precede a un substantivo masculino en el singular como malo, alguno, primero

[3] mismo = no diferente

hermanas   El hermano de nuestro padre o de
nuestra madre es nuestro tío   Nuestra tía es la
hermana de nuestro padre o de nuestra madre
Los hijos¹ del hermano o de la hermana de nuestro
padre o madre, son nuestros p r i m o s ¹ Fernando
es hijo de mi tío, y así (= de este modo) él es mi
primo   Juana es hermana de Fernando, y así ella
es mi prima   Los hijos de mi hermano o de mi
hermana son mis s o b r i n o s o s o b r i n a s
El padre de mi padre o de mi madre es mi
a b u e l o, y la madre de mi padre o de mi madre
es mi a b u e l a   ¿Comprende V ? Muy bien.

LECCIÓN NONA

INDICATIVO PRESENTE DE VIVIR E² INSTRUIR

TERCERA CONJUGACIÓN

AFIRMATIVO	INTERROGATIVO
(yo) vivo	¿ instruyo ³ yo ?
(tú) vives	¿ instruyes tú ?
(él) vive	¿ instruye él ?
usted vive	¿ instruye usted ?
(nosotros) vivimos	¿ instruimos nosotros ?
(vosotros) vivís	¿ instruís vosotros ?
(ellos o ellas) viven	¿ instruyen ellos (ellas) ?
ustedes viven	¿ instruyen ustedes ?

---

¹ *hijos* y *primos* comprenden (= incluyen) aquí el masculino y el femenino
² *e* = y   Delante de palabras que empiezan con *i* (o *hi*) se usa *e*
³ Los verbos terminados en -uir toman en algunos tiempos y personas una *y*
después de la *u* radical

El profesor y la pizarra

Aquí está el profesor de aritmética en pie delante de la "pizarra." La pizarra es una "tablilla" negra que sirve para-hacer los cálculos y las demostraciones El profesor enseña[1] (= da instrucción en) la aritmética a los muchachos de la clase Ellos aprenden[2] los números cardinales Estos muchachos pertenecen[3] a (= son de) la última clase, porque son pequeños y todavía[4] no saben calcular. Los muchachos de la primera y de la segunda clase son grandes, y estudian geometría y álgebra.

Los muchachitos no estudian geometría ni álgebra. ¿ Qué significa "muchachitos"? ¿ Sabe V lo que es un muchacho? Sí, señor, yo sé lo que es un muchacho y una muchacha Pues bien, un muchacho pequeño es un muchachito, una muchacha pequeña es una muchachita, un niño pequeño es un niñito, un gato pequeño es un gatito, una casa pequeña es una casita, etc La terminación ito, para el masculino, o ita, para el femenino, indica que un objeto es pequeño. Si

---

[1] Del verbo *enseñar*   [2] Del verbo *aprender*
[3] Del verbo *pertenecer*   [4] *todavía* = en tiempo presente

hablo de un libro que es lo contrario de grande, no necesito emplear el adjetivo pequeño, y digo[1] simplemente "librito" ¿Comprende V ? Comprendo muy bien Pues bien, ¿cómo designa V un caballo pequeño? Caballito, por supuesto (= naturalmente) ¿Y un sombrero pequeño? Un sombrerito Muy bien, yo veo que V comprende perfectamente Pero, ¿cómo designa V un hombre pequeño? Un hombrito No, señor, no hombrito, sino[2] hombrecito En muchos casos agregamos[3] la terminación cito (o cita) al substantivo.

¿Con qué escribe el profesor en la pizarra—con una pluma? No, señor ¿Con un lápiz?[4] Tampoco[5] ¿Con qué, pues? Yo sé con qué en inglés, pero no en español Muy bien, el profesor escribe en la pizarra con tiza La tiza es blanca, y la pizarra es negra, así es que es fácil ver distintamente los números en la pizarra Fácil es lo contrario de difícil

¿Qué números ve V en la pizarra? Veo los números uno (1), dos (2), tres (3), cuatro (4), cinco (5) ¿Qué otros números? Seis (6), siete (7), ocho (8), nueve (9), diez (10), once (11), doce (12), trece (13), catorce (14), quince (15), diez y seis (16). ¿Es todo? Sí, señor, es todo Después de diez

---

[1] digo es la 1ª persona singular del presente de indicativo del verbo irregular decir (diciendo, dicho) Véase L XVII, p 73
[2] sino es una conjunción adversativa, que se emplea (= usa) después de una negación en lugar de pero Véase p 19, nota 5
[3] Del verbo agregar (= reunir, juntar)
[4] Un lápiz sirve para escribir y trazar sin (lo contrario de con) tinta.
[5] tampoco es un adverbio negativo con que se niega de nuevo

y seis vienen ¹ diez y siete (17), diez y ocho (18), diez y nueve (19), y veinte (20) Muy bien, es necesario aprender los números cardinales hasta ciento (100)

¿ Dónde vive ² (= reside) V ahora ? Yo vivo en la Quinta (5ª) Avenida Una "avenida" es una calle grande y ancha (= espaciosa)

¿ Cuántas avenidas tiene Nueva York ? Tiene diez o doce, pero la Quinta Avenida es una de las más hermosas

Cinco muchachos están en la calle Cuatro de los muchachos tienen zancos,

Muchachos en la calle

tres están montados en los zancos, un muchacho está sentado, y uno está de pie ¿ Cuántos zancos tiene cada muchacho ? Cada uno tiene dos, un zanco para el pie derecho, y uno para el pie izquierdo Una de nuestras manos es la mano derecha, y la otra es la mano izquierda

---

¹ Del verbo irregular *venir*, de la 3ª conjugación Véase L XV, p 65
² Del verbo regular *vivir*, de la 3ª conjugación

¿Cuántas conjugaciones tenemos en español?
Tenemos tres, la primera en **ar**, como "hablar",
la segunda en **er**, como "vender," y la tercera en
ir, como "vivir." Ahora sabemos un verbo regular
de cada conjugación

——◦——

LECCIÓN DÉCIMA

TIEMPOS COMPUESTOS[1] DE LOS VERBOS **AMAR**,
COMER Y VIVIR

PERFECTO PRESENTE[2]

	1ª Conjugación	2ª Conjugación	3ª Conjugación
yo he	amado,[3]	comido,[3]	vivido[3]
tú has	amado,	comido,	vivido
él (o ella) ha	amado,	comido,	vivido
usted ha	amado,	comido,	vivido
nosotros hemos	amado,	comido,	vivido
vosotros habéis	amado,	comido,	vivido
ellos (o ellas) han	amado,	comido,	vivido
ustedes han	amado,	comido,	vivido

Afirmativo

Interrogativo

¿ he   amado (comido, vivido) yo?
¿ has   amado (comido, vivido) tú?
¿ ha   amado (comido, vivido) él (o ella)?
¿ ha   amado (comido, vivido) usted?

¿ hemos amado (comido, vivido) nosotros?
¿ habéis amado (comido, vivido) vosotros?
¿ han   amado (comido, vivido) ellos (o ellas)?
¿ han   amado (comido, vivido) ustedes?

---

[1] *compuesto* es de *componer*   Cf p 81, L XIX

[2] El perfecto presente de indicativo se compone del presente de indicativo
de *haber* y del participio pasivo del verbo que expresa la acción   El participio
pasivo es invariable y no se separa del auxiliar *haber*   Esta forma compuesta
se usa para exprimir (= expresar) una acción pasada en tiempo no determinado o que no ha pasado todavía

[3] Los verbos regulares de la primera conjugación se terminan en **ado** y los
de la segunda y de la tercera en **ido**

Una madre con sus dos hijos

Aquí está una señora con su hijo y su niñita
¿Quién es esta señora? Es la señora doña[1] María
Martín Su marido (= esposo), el Sr don[1] Carlos
Martín, es médico Yo no conozco[2] la palabra
médico ¿Sabe V lo que es medicina? Sí, lo sé,
porque en inglés tenemos casi[3] la misma palabra
Muy bien, el médico prescribe[4] medicina y reme-
dios a las personas que están enfermas (= malas)
Cuando estamos malos, tomamos[5] medicina para
curarnos[6] Un médico es una persona que pro-
fesa la medicina ¿Comprende V ahora? Sí, señor,
yo tengo un amigo que es médico, pero no sé lo que
es "ahora" V ha olvidado[7] la significación de

---

[1] *don* y *doña* (femenino) preceden el primer nombre de una persona.
[2] De *conocer* (*conozco, conoces, conoce, conocemos, conocéis, conocen*)
[3] *casi* = aproximadamente (= con aproximación)
[4] Del verbo *prescribir*   [5] Del verbo *tomar*
[6] *curarnos* es compuesto de *curar* y del pronombre *nos*   Cf p 58, n 3
[7] Participio pasivo de *olvidar* (= perder la memoria de)

"ahora," porque hemos tenido[1] esta palabra en una lección anterior "Ahora" significa "en este momento," "al presente", "en esta época", "en nuestros días" ¿Ha comprendido V? Sí, señor, he comprendido

La niña es muy pequeña Es una niñita No habla todavía El muchacho es mucho más grande que la niñita Es un buen muchacho, y estudia mucho en la escuela Él habla ya[2] inglés, francés, alemán y español ¿Habla V español? Yo hablo y comprendo un poco, lo aprendo ahora

Él muchacho es el hijo mayor, y la niñita la hija menor de don Carlos y de doña María "Mayor" es el comparativo irregular de "grande," y "menor" el comparativo irregular de "pequeño" Mayor significa también "de más edad" El hijo mayor tiene más edad que la hija menor ¿Sabe V lo que es "edad"? No muy bien Un anciano (= un hombre viejo) tiene mucha edad o muchos años, un muchacho o un niño tiene poca edad o pocos años

¿Qué edad (= cuántos años) tiene V?[3] Yo tengo diez y ocho (18) años ¿Qué edad tiene su hermana? Ella tiene doce (12) años Mi padre tiene cincuenta (50) años, y mi madre cuarenta y cinco (45) años Yo tengo un hermano mayor que tiene veinte y dos (22) años y estudia medicina Él ha estado[4] en el colegio Columbia ¿Ha estado

---

[1] Participio pasivo del verbo *tener*   [2] *ya* = ahora
[3] Para expresar la *edad* de una persona usamos en español el verbo *tener*, como *el nene tiene un año, dos años*, etc   [4] Participio pasivo del verbo *estar*

V en el colegio ? Sí, señor, pero no en el colegio Columbia, yo he estudiado[1] en Europa ¿ Qué ha aprendido[2] V ? Yo he aprendido el francés, el alemán, el latín, el griego y las matemáticas ¿ Qué estudia V. ahora ? Yo no estudio, tengo una colocación (= posición) en la administración de los ferrocarriles No comprendo esta palabra

Un ferrocarril

Aquí está un ferrocarril o camino de hierro Los ferrocarriles sirven para transitar (= viajar) de un punto a otro, y también para llevar (= transportar) mercancías Los carros del ferrocarril corren sobre carriles (= rieles) de hierro El "hierro" es un metal. Es el metal más útil. Las ruedas de los carros son también de hierro

---

[1] Participio pasivo de *estudiar* (*estudiando, estudiado*)
[2] Participio pasivo de *aprender* (*aprendiendo, aprendido*)

Aquí está una rueda   Los carros y los coches tienen ruedas   Una rueda es de forma redonda   Algunos carros son tirados[1] por caballos, pero la mayor parte son tirados por vapor   El vapor tiene mucha fuerza[2]   El humo[3] sale[4]

Una rueda

por la chimenea de la locomotora   La "locomotora" es la máquina de vapor en los ferrocarriles cuya[5] fuerza imprime[6] movimiento Un ferrocarril es un camino cuya vía está formada[7] por dos líneas paralelas de carriles sobre las cuales corre el tren   Tenemos un ferrocarril del Atlántico al Pacífico   Tenemos también unos ferrocarriles elevados en las ciudades de América. *Elevado* es el participio pasivo del verbo *elevar*, de la primera conjugación   Los participios pasivos de los verbos de esta conjugación terminan en **ado**, como *amar, amado, hablar, hablado*, etc   Los participios pasivos de los verbos de la segunda y tercera conjugación terminan generalmente en **ido**, como *tener, tenido, comer, comido, vivir, vivido, recibir, recibido*

---

1 Participio pasivo plural de *tirar* (*tirando, tirado*)
2 *fuerza* = vigor o potencia
3 *humo* = vapor negro
4 Del verbo *salir* = quitar, pasar o escapar
5 *cuya* es un pronombre relativo femenino, el masculino es *cuyo*
6 Del verbo *imprimir*
7 Participio pasivo femenino de *formar*.

LECCIÓN XI (UNDÉCIMA)

VERBO IMPERSONAL HABER

AFIRMATIVO	INTERROGATIVO
hay (sing y plur)	¿hay? (sing y plur)
no hay (sing y plur)	¿no hay? (sing y plur)

Dos casas

Aquí están dos casas En una de estas casas, en la más alta, está nuestra escuela La escuela ocupa toda la casa, menos la parte inferior, que está ocupada[1] por una tienda (= almacén) ¿En qué clase está V? Estoy en la primera clase ¿Cuántos muchachos hay en la clase? Hay doce ¿Cuántas muchachas? No hay muchachas en nuestra clase, ellas están en una clase separada[2] ¿Cuántos maestros hay en la escuela? Hay cinco uno de inglés, uno de francés y alemán, uno de español, uno de historia y matemáticas, y uno de geografía ¿No hay un profesor de música? Sí, señor, don Pedro Núñez es profesor de música, pero él está ahora en Europa por su salud ¿No tiene él buena salud? No, señor, él está siempre enfermo (= malo).

---

[1] Participio pasivo femenino de *ocupar* (*ocupando, ocupado*)
[2] Participio pasivo femenino de *separar* (*separando, separado*)

¿Es (él) viejo? Sí, señor, (él) es un hombre de más de setenta (70) años

¿En qué escuela está su hermano de V? Mi hermano ha salido[1] de la escuela Él es ahora dependiente en una gran casa de comisión, y está encargado[2] de la correspondencia francesa y alemana ¿Cuántos dependientes tiene el señor Bravo? Él tiene solamente dos dependientes, su casa de comercio no es muy importante El señor Arroyo tiene dos casas de comercio, una en Puerto Rico, y otra en Londres, en Inglaterra Él es un hombre riquísimo,[3] y tiene una casa magnífica en la Quinta Avenida, número 239 (doscientos[4] treinta y nueve) de Nueva York

¿Qué tienda hay en la parte baja de la casa? Es la de un sastre, una sastrería ¿V no sabe lo que es un sastre? Sí, lo sé

Un sastre es un hombre que hace[5] vestidos (=ropa) para la gente (=las personas), y una mujer que hace para señoras trajes, ropas, sayas, y blusas es una modista ¿Tiene V. un buen modisto? Sí, tengo uno[4] muy bueno, que tiene su sastrería en nuestra calle Él tiene exce-

Un sastre

---

[1] Participio pasivo del verbo *salir* (*saliendo, salido*)

[2] Participio pasivo del verbo *encargar* (**de**) = ocupar (**con**)

[3] *riquísimo* es el superlativo absoluto de *rico* Se forma del positivo, agregando la terminación *ísimo* para el masculino o *ísima* para el femenino

[4] Los números cardinales son *invariables* excepto *ciento y uno*

[5] *hace* es de *hacer* (*haciendo, hecho*) Cf p 73, L XVII

Las ovejas

lente paño, y tra baja[1] muy bien   No sé lo que es "paño"   Los vestidos son de paño   El paño es hecho[2] (= se hace) de lana   La lana es el vellón (= pelo) de las ovejas

Mi sombrerero y mi zapatero viven también en nuestra calle.   La tienda del sombrerero es una sombrerería, y la tienda del zapatero es una zapatería   El sombrerero trabaja para la cabeza, y el zapatero trabaja para los pies   ¿Cuántos pares de zapatos tiene V.?   Yo tengo dos pares de zapatos y un par de botas

Una zapatería

Un zapato y una bota

¿Tiene V muchos vestidos?   Tengo cuatro pantalones, dos chalecos y varias levitas.   Yo no sé lo que son "chalecos" ni "levitas."   El sastre, de la página anterior, trabaja en su tienda y por consiguiente

---

[1] El sastre usa una máquina de coser (= para hacer los vestidos) en su trabajo

[2] *hecho* es el participio pasivo irregular del verbo *hacer* (= fabricar)

lleva solamente chaleco y pantalones El otro
hombre lleva una levita Tengo también un frac
nuevo de paño negro para *ir* al teatro o al baile y
al exterior me pongo además un gabán En
caso de lluvia llevo un impeimeable y un par
de zapatos de goma Evidentemente V. está vestido[1] como un príncipe

¿Es un "príncipe" un rey? Un rey es un príncipe, pero un príncipe no es siempre un rey
¿Hay un rey en América? No, señor, jamás
(= en ninguna época), en las repúblicas no hay
reyes Los gobernantes son elegidos[2] por el
pueblo por un tiempo limitado El jefe (= la
cabeza) del gobierno de una república es un
presidente El jefe del gobierno en el Brasil[3]
era[4] un emperador, cuando el Brasil era un
imperio. Un imperio es un país gobernado por
un emperador, y un reino por un rey

¿Qué reinos hay en Europa? Los reinos de
Inglaterra, de Bélgica, de Holanda, de España, de
Suecia, de Italia, de Dinamarca, de Grecia, de
Noruega, y varios otros ¿Qué imperios hay?
Los imperios de Alemania, Rusia y Austria ¿Ha
estado V en Europa? No, señor, nunca (= jamás)[5]
¿Hay repúblicas en Europa? Sí, señor, hay una
república grande, la república francesa, y otras más
pequeñas, la república de Portugal y de Suiza.

---

[1] Participio pasivo del verbo *vestir* [2] Participio pasivo plural de *elegir*
[3] El artículo definido acompaña a menudo (= frecuentemente) a los
nombres de regiones, reinos, etc [4] Véase p 60 (sesenta), nota 5
[5] *nunca* y *jamás* equivalen a *en ninguna época*

¿Qué tiene Suiza de notable? Es el país más montañoso del globo Los habitantes de Suiza hablan francés, alemán e[1] italiano, porque su país está situado entre Francia, Alemania e Italia

---

LECCIÓN XII (DUODÉCIMA)

FORMA PROGRESIVA[2]

PRESENTE DE INDICATIVO

AFIRMATIVO

	1ª Conjugación	2ª Conjugación	3ª Conjugación
yo estoy[2]	hablando,	comiendo,	viviendo
tú estás	hablando,	comiendo,	viviendo
él (ella) está	hablando,	comiendo,	viviendo
usted está	hablando,	comiendo,	viviendo
nosotros estamos	hablando,	comiendo,	viviendo
vosotros estáis	hablando,	comiendo,	viviendo
ellos (ellas) están	hablando,	comiendo,	viviendo
ustedes están	hablando,	comiendo,	viviendo

INTERROGATIVO

¿ estoy	hablando (comiendo, viviendo) yo?
¿ estás	hablando (comiendo, viviendo) tú?
¿ está	hablando (comiendo, viviendo) él (ella)?
¿ está	hablando (comiendo, viviendo) usted?
¿ estamos	hablando (comiendo, viviendo) nosotros?
¿ estáis	hablando comiendo, viviendo) vosotros?
¿ están	hablando (comiendo, viviendo) ellos?
¿ están	hablando (comiendo, viviendo) ustedes?

---

[1] e = y   Usamos la conjunción e delante de i o hi   Véase p 39, n 2
[2] La forma progresiva del verbo consiste de gerundio del verbo principal y de un tiempo del auxiliar estar, para expresar la duración y continuidad de una acción

Aquí vemos una escalera en el interior de un domicilio. Él tiene generalmente varios pisos (= altos), y para ir de un piso a otro necesitamos escaleras En cada piso hay varios cuartos (= aposentos) En Nueva York hay edificios que tienen diez, veinte, y hasta cincuenta y cinco pisos, pero

Una escalera

las casas de vivienda (= habitación) tienen generalmente tres o cuatro pisos Las casas en el campo no tienen de ordinario más que dos pisos

Una cocinera en una cocina

En el piso inferior de las casas de la ciudad están la cocina y el comedor En los otros pisos están el salón (= sala de recepción), la biblioteca para los libros, los cuartos de dormir, y varias otras piezas

¿ Comprende V estas palabras? No, señor, no comprendo las palabras cocina y comedor La "cocina" es la pieza donde el cocinero o la cocinera prepara nuestra comida (= nuestros alimentos) El "comedor" es la sala destinada para comer En el grabado al principio de la próxima página, vemos a toda la familia reunida en el comedor para almorzar o cenar ¿ Qué necesitamos para comer? Un mantel, cubierto de tenedor, cuchara y cuchillo, platos, tazas, y servilletas.

La familia en el comedor

Una de las primeras y más esenciales de nuestras necesidades es el alimento, y para satisfacer esta necesidad, el hombre halla[1] en la naturaleza[2] una multitud de árboles y de plantas

Mujer llevando leche

Aquí vemos a una mujer que lleva (= carga) leche al mercado, y la otra mujer sentada está ocupada con la vaca Ella está ordeñando la vaca, la leche de los animales domésticos, como la vaca, la cabra o la oveja, nos[3] ofrece un alimento

---

[1] Indicativo presente del verbo *hallar* (= descubrir)

[2] *naturaleza* es el substantivo y *natural* el adjetivo

[3] Obsérvese la posición del pronombre *nos* en esta frase Cf p 58, L XIII.

sencillo (=simple) y natural. La leche de la vaca es
la mejor, y es muy buena con
el *café* y el chocolate

De la leche hacemos mantequilla (= manteca de vaca) y
queso para comer con el *pan*

Una cabra

Aquí ve-
mos a¹ una mujer que está haciendo mantequilla Los americanos hacen un comercio de
exportación muy importante con
la mantequilla y el queso

La carne de muchos animales
proporciona (=procura) va-
riados alimentos muy propios
para reparar y aumentar las

Mujer haciendo mantequilla

fuerzas El
pan es el alimento general
del hombre El *panadero*
hace el pan, y lo vende en
su tienda o *panadería* Co-
memos pan en el almuer-
zo, en la comida y en la
cena

En el grabado al principio
de esta lección (página 53)
vemos a¹ un hombre al pie

Un panadero

¹ Los verbos activos requieren la preposición *a* delante de los substantivos
de personas.

de la escalera   El hombre se prepara¹ a s u b i r
(=ascender) al piso superior   Él tiene un pie en
el primer e s c a l ó n de la escalera, y la mano derecha en el p a s a m a n o   Una mujer está de pie
en el p a s i l l o de la escalera   La mujer es la
c r i a d a de la casa, y el hombre es el d u e ñ o
(= propietario) de la casa   Una " criada " (= sir-
vienta) o un c r i a d o (= sirviente) es una persona
que sirve por s a l a r i o   En las casas grandes hay
varios criados y criadas, como en los almacenes
hay varios dependientes, pero los dependientes no
son criados

Una niñera y un niño

Aquí está una criada
(Ella) es una n i ñ e r a o
criada que c u i d a² de los
niños   La niñera está b a-
ñ a n d o³ al niño que⁴ vemos en el b a ñ o   El niño
está muy c o n t e n t o en el
a g u a   Los baños son
muy s a l u d a b l e s   Los muchachos de nuestra
escuela s e b a ñ a n⁵ en el río, pero yo p r e f i e-
r o⁶ b a ñ a r m e⁷ en el m a r en agua s a l a d a
" Mar " es una porción de agua salada menos con-

¹ *se prepara* es el indicativo presente del verbo reflexivo *prepararse*
² *cuidar* es sinónimo de *guardar* y *atender*
³ *bañando* es el gerundio del verbo *bañar*
⁴ *que*, pronombre relativo, se refiere también a personas
⁵ *se bañan*, del verbo reflexivo *bañarse*
⁶ Indicativo presente del verbo *preferir*
⁷ Los pronombres se agregan al verbo, cuando éste esta en el infinitivo
bañarme, véase p 58, n 3

siderable que el océano "Río" es una corriente grande de agua

Aquí están
algunos mucha-
chos bañándo-
se en un lago
"Lago" es una
extensión de
agua rodeada
de tierra El[1]
agua de los la-
gos es general-
mente dulce;
el agua del mar
es salada El
agua de los ríos

El baño en el lago

es también dulce ¿Cuántos muchachos hay en el
agua? Tres muchachos están en el agua, y están
nadando. ¿Sabe V. nadar? Sí, señor, yo
nado bastante (= suficientemente) bien Otros
tres muchachos están fuera (= al exterior) del
agua Estos tres muchachos han salido[2] del
agua

¿No ve V a un perro en el agua? Sí, señor, veo
la cabeza de un perro negro Es un perro de
Terranova Los perros de Terranova nadan muy

---

[1] *agua* es femenino, pero está acompañado del artículo masculino,
porque principia con la vocal *a* sobre la cual carga el acento de la
palabra

[2] Del verbo *salir* (= pasar de un punto (= sitio) a otro)

bien   ¿ Dónde está Terranova ?   Está situada en el
Océano Atlántico, al este del Dominio del Canadá,
y es parte de la América inglesa   ¿ A qué regiones se[1] *da*[2] el nombre de América inglesa ?   A
todas las de la América del Norte que se hallan
al norte de los Estados Unidos, excepto *Alaska*
y *Groenlandia*   ¿ Qué países son éstos ?   Son
dos países muy fríos, y que no tienen mucha
vegetación   El primero pertenece a los Estados
Unidos de Norte América, y el segundo a Dinamarca   Muy bien, veo que V sabe su geografía,
y que V estudia bien

LECCIÓN XIII (DÉCIMATERCIA)

PRONOMBRES PERSONALES[3]

CASOS COMPLEMENTARIOS (directos e indirectos)

SINGULAR	PLURAL
me (= a mí)	nos (= a nosotros o nosotras)
te (= a ti)	os (= a vosotros o vosotras)
le, lo (= a él)	les, los (= a ellos)
le, la (= a ella)	les, las (= a ellas)
se (= a él, a ella, a V)	se (= a ellos, a ellas, a VV)

---

[1] El pronombre *se* da un sentido pasivo al verbo   Cf Lección XXI
[2] Del verbo *dar* (= presentar, aplicar, conceder)
[3] Estos pronombres se c o l o c a n (= ponen) directamente antes del verbo
en los tiempos de indicativo y subjuntivo, como   *él me habla* , *me gusta* o *a
mí me gusta* , *V le escribe* o *V escribe a él* (*ella*) , *ella nos ve* o *ella ve a
nosotros*, etc , y se colocan *después del verbo* uniéndose al mismo en el
imperativo, en el *gerundio*, y en el *infinitivo* (en frases afirmativas), cómo
dame , *comprendolo* , *él sabe hacerlo* , *la medicina es para curarnos*

Aquí vemos a un muchacho
con su perro El muchacho
tiene sus libros en una mano,
y una pizarra bajo el brazo
¿Con qué están atados
(=unidos) sus libros? Los
libros están atados con una
correa, una tira de cuero
El muchacho la tiene para
llevar*los* (=transportai-
los) con mayor facilidad

Un muchacho con su perro

El cuero es lo que cubre la caine de los animales, y es muy útil en la industiia El zapatero
hace (=fabrica) nuestros zapatos de cuero El
fabricante de carruajes necesita también cuero en
su fábrica Los animales domésticos y salvajes
(=silvestres) nos proveen de cuero

A Nueva York llegan[1] buques cargados de
cueros que vienen de la América del Sur[2] donde hay
muchas reses[3] o cabezas de ganado "Ganado"
es el conjunto de bestías mansas (=apacibles) de
una especie que andan[4] juntas (=en compañía)

Dígan*os*[5] para que sirve[6] la pizarra Nos sirve
para escribir y hacer cálculos Hemos hablado de pizarra en conexión con los números cardinales, en una
lección anterior, la lección novena, página cuarenta

---

[1] *llegar* = venir de un sitio a otro   [2] *Sur* es opuesto a *Norte*
[3] El singular de *reses* es *res*   [4] *andar* = mover, marchar, ir
[5] *díganos* se compone de *diga* (3ª persona del singular de imperativo de
decir) y *nos* (= a nosotros)
[6] *sirve* es 3ª persona singular del presente de indicativo de *servir*

Una pizarra y
un pizarrín

Tenemos aquí otra pizarra con un pizarrín. Con el pizarrín escribimos en la pizarra para sumar los números

¿Qué lleva el perro en la¹ boca? Está llevando la merienda del muchacho. El muchacho va a la escuela después, de almuerzo, y tiene que llevar algo para comer a la hora del recreo, porque su familia hace la comida más fuerte por la noche

Hacemos generalmente tres comidas en el día, que son el *almuerzo*, la *comida* y la *cena* En nuestra familia tomamos el almuerzo por la mañana,² la comida al mediodía, y la cena por la noche, así es que no tengo necesidad de merendar (= hacer merienda), es decir,³ comer algo entre comida y cena.

¡Qué hermoso perro es el perro del muchacho! Sí, hermoso y bueno El animal acompaña siempre al muchacho a la escuela ¿Tienen ustedes un perro? Tenemos dos, uno grande y otro pequeño; el grande es viejísimo (= muy viejo) Mi hermano lo tenía⁴ cuando era⁵ joven Está siempre en la casa. El pequeño está siempre corriendo⁶

---

¹ El artículo definido se usa por el pronombre posesivo cuando hablamos de partes del cuerpo

² La *mañana* es el principio del día   3 *es decir* = en otras palabras

4 *tenía* es el pasado descriptivo de *tener* *tenía, tenías, tenía, teníamos, teníais, tenían*

5 *era* es el pasado descriptivo de *ser* *era, eras, era, éramos, erais, eran*

6 Gerundio del verbo *correr* (*corriendo, corrido*)

en la calle y en el jardín, y ladrando¹ cuando pasan carruajes y caballos delante de la casa

¿ De qué estamos hablando ? Estamos hablando del muchacho y de su perro El muchacho va a la escuela ¿ A qué escuela va ? Va a la escuela americana para aprender a leer.

Aquí está la escuela ¿ Ve V la casa de la escuela a cierta distancia ? Sí señor, la veo. Tiene una inscripción en inglés que da el nombre de la escuela

Discípulos en el patio de la escuela

Los muchachos están en el patio de la escuela y están jugando² Es la hora del recreo ¿ Es un patio un jardín ? No, señor, un jardín tiene árboles, plantas o flores, pero un patio no tiene generalmente ni unos ni otros ¿ Cuántos muchachos hay en el patio ? Hay seis Han estado estudiando, y ahora están jugando ¿ A qué juego están jugando ? Están jugando con bolillas, que frecuentemente están hechas de vidrio o de porcelana

---

¹ Gerundio del verbo *ladrar* (*ladrando*, *ladrado*) El hombre habla, el perro ladra, y la oveja bala

² *jugar* = entretenerse con un juego El juego es un entretenimiento o diversión

El maestro está llamando [1] a los alumnos para reasumir (= resumir) sus estudios en la clase

---

LECCIÓN XIV (DÉCIMACUARTA)

PRONOMBRES PERSONALES — II

CASOS COMPLEMENTARIOS (directos e indirectos)

SINGULAR	PLURAL
me lo (le o la)	me los (las)
te lo	te los
se lo (a él, a ella, a V)	se los (a él, a ella, a V)
nos lo	nos los
os lo	os los
se lo (a ellos, a ellas, a VV)	se los (a ellos, a ellas, a VV)

Dos niños corriendo

¿Quiere V decirme [2] si V ve a estos niños? Quiero decírselo [3] a V con mucho gusto (= placer), los veo muy bien. La niña es Luisa, la hija del panadero, y el niño es Juan, el hijo del sastre. Los dos están corriendo [4] ¿Sabe V. por qué? Yo lo sé muy bien por qué. ¿No ve

---

[1] *llamar* es sinónimo de *apellidar* y *convocar*

[2] *decirme* consiste de *decir* (p 73) y del pronombre *me* de la 1ª persona. Los pronombres de 1ª y 2ª persona preceden siempre a los de la 3ª persona

[3] *le* y *les* antes de *le, la, lo,* etc, cambian por eufonía en *se le,* etc

[4] De *correr* (*corriendo, corrido*) = marchar con gran velocidad

V el perro detrás de ellos con la boca abierta,[1] mostrando[2] los dientes? Es un perro feroz Los pobres niños corren porque tienen miedo[3] al perro ¿Tiene V miedo a los perros?

Cabeza de perro feroz

No, señor, déme (= presénteme) un buen bastón,[4] y cuando encuentro[5] un perro, yo no tengo miedo V es un muchacho valiente, pero todos los muchachos no tienen valor como V

En el campo hay muchos perros, y algunos son feroces ¿Es Nueva York un campo? No, señor, Nueva York es una ciudad, en el campo no hay calles, hay árboles, plantas y verduras ¿Vive V en el campo o en la ciudad? Yo vivo en la ciudad, pero mi padre tiene también una casa de campo

¿Tiene V miedo a los perros, Juanito?[6] Perdónemelo, tengo miedo a todos los animales V no tiene razón, porque un muchachito de su edad (= de la edad de V.) no debe tener miedo a los animales.

Hemos hablado de dientes ¿Dónde están los dientes? Están en la boca Tenemos treinta y dos (32) dientes Pero todo el mundo no tiene tantos

---

[1] Participio pasivo irregular femenino del verbo *abrir*

[2] *mostrar* = exponer a la vista

[3] *miedo* (= aprehensión) se emplea con el verbo *tener*

[4] El ciego en la lección octava (página 35) tiene un *bastón* en la mano derecha

[5] El presente de indicativo del verbo irregular *encontrar* es encuentro, encuentras, encuentra, encontramos, encontráis, encuentran

[6] *Juanito* es el diminutivo de *Juan*

dientes. Algunas personas pierden[1] los dientes, otras los tienen malos Los dentistas componen[2] (= ajustan) y arrancan[3] los dientes También hacen dentaduras postizas (= dientes artificiales) para las personas que no los tienen ¿ Tiene V. buenos dientes? No he perdido[1] ninguno[4] todavía[5], empleo un dentista para cuidármelos

Mi abuelo es viejo, y no tiene dientes. ¿ De qué abuelo habla V ? Hablo del padre de mi madre, el

señor don José Martín, que vive en Boston con su hijo ¿ Ha estado V en Boston? Varias veces[6], mi tío don Nicolás es director del museo, y mi tío don Jorge está empleado en la aduana

La biblioteca de Boston

La aduana es la oficina en donde los mercaderes pagan los derechos de entrada para las mercancías. El gobierno deriva sus principales ganancias de los derechos pagados en la aduana El comercio de importación de este puerto es muy considerable

Boston es sin duda una de las principales ciudades de los Estados Unidos. Tiene una hermosa biblioteca y buenas escuelas Las colecciones en los museos son de gran valor, y muy notables las funciones de los teatros y de la ópera. Allí se cultiva la música

---

[1] El presente de *perder* es *pierdo, pierdes, pierde, perdemos, perdéis, pierden*
[2] De *componer* Véase *poner* (*poniendo, puesto*), p 77
[3] *arrancar* (= extraer, sacar con violencia)   [4] *ninguno*, cf p 31, n 1
[5] *todavía* = aún   [6] *vez* es sinónimo de *tiempo* Véase p 67, n 5

LECCIÓN XV (DÉCIMAQUINTA)

INDICATIVO PRESENTE DE LOS VERBOS IRREGULARES
VENIR E[1] IR

VENIR	IR
(yo) vengo	(yo) voy
(tú) vienes	(tú) vas
(él o ella) viene	(él o ella) va
usted viene	usted va
(nosotros) venimos	(nosotros) vamos
(vosotros) venís	(vosotros) vais
(ellos o ellas) vienen	(ellos o ellas) van
ustedes vienen	ustedes van

Vamos a ver a otros
niños, un muchacho y
una muchacha Estos
dos niños tienen el mis-
mo padre y la misma
madre, y por consi-
guiente son hermanos
(= hermano y hermana)
El muchacho es mayor
que la muchacha,

¿ Qué sabe V. de estos
niños ? Yo veo que el
muchacho quiere[2] en-
trar en el cuarto, y que
la muchacha no quiere

El hermano y la hermana

---

[1] Véase p 52, n 1

[2] Del verbo *querer* (= desear)   Vease p 69

permitirlo Ella está de pie contra la puerta,
y con sus manos trata de (= quiere) mantenerla[1]
cerrada[2] ¡Qué mala muchacha! Al contrario,
es una buena muchachita, y está jugando con su
hermano, quien lo sufre[3] todo de ella El muchacho es más fuerte que su hermanita, y la
puerta está cediendo[4] a la presión que él le
imprime[5]

Nosotros no jugamos en la casa, preferimos ir
al parque Mi amigo y yo vamos ahora ¿ Viene
V con nosotros ? Ahora no, estoy muy ocupado
Ahí[6] viene un caballero Es mi amigo Eduardo
Buenos días, Eduardo, ¿ cómo está V ? Muy bien,
gracias, para servir a V ¿ Cómo está su señora
madre ? Está mucho mejor[7] Me alegro[8] (= estoy
muy contento) ¿ De dónde viene V. ? Vengo de
casa del señor Jordán ¿ Cómo está el amigo
Jordán ? En perfecta salud y toda la familia también ¿ Dónde está el hijo mayor ? ¿ No sabe V
que está en Inglaterra en la Universidad de Cam-
bridge ? ¿ Por qué ha ido[9] a estudiar en Europa,
cuando aquí tenemos colegios muy buenos ?
El señor Jordán tiene una hermana casada[10] en
Inglaterra ¿ Con quién está (ella) casada ? Con un

---

[1] *mantener* = conservar   [2] Del verbo *cerrar*, contrario de *abrir*
[3] De *sufrir*   [4] De *ceder*
[5] De *imprimir*
[6] *ahí* es lo contrario de *aquí*
[7] *mejor* es el comparativo irregular de *bueno*
[8] *me alegro*, del verbo reflexivo *alegrarse* Cf p 90, L XXI
[9] Participio pasado del verbo *ir*
[10] Del verbo *casar* (= contraer matrimonio)

banquero de Londres, pero como no tienen hijos, desean tener a uno de sus sobrinos con ellos

Adiós, amigo mío Vuelvo[1] a casa, tengo que tomar[2] mi lección de música ¿Qué instrumento aprende V ? Yo aprendo a tocar[3] el piano Yo tengo un magnífico piano, de una de las primeras fábricas de Nueva York ¿Tiene V un buen profesor? El señor Rutulini es mi profesor Es un excelente profesor Él es italiano Los italianos son buenos músicos

Aquí está una niña dan-do[4] (= tomando) lección de piano Ella es joven, pero toca ya bastante bien para su edad El maestro está muy satisfecho (= contento) de sus pro-

Una niña dando su lección de música

gresos El maestro viene tres veces[5] por semana los lunes, miércoles y viernes Los otros días de la semana, el martes, jueves y sábado, ella toma lecciones de francés, y el domingo ella va a la iglesia[6] La semana, como V. sabe, tiene siete días, que son lunes, martes, miércoles, jueves, viernes, sábado y domingo, el día para descansarnos

---

[1] El indicativo presente del verbo irregular *volver* (*volviendo, vuelto*) es *vuelvo, vuelves, vuelve, volvemos, volveis, vuelven*

[2] *tomar* (= recibir) Empleamos *que* después del verbo *tener* para exprimir una necesidad o obligación 3 *tocar* el piano es *hacer* música en el piano

[4] Gerundio (participio presente), del verbo *dar* (véase p 77)

[5] *vez*, plural de *vez* (= tiempo en que hacemos *algo*) 6 Véase p 93

El profesor de piano en el grabado está explicando un pasaje a la muchacha   Es un pasaje muy difícil.   La muchacha está sentada en una

banqueta, y el profesor en una silla   Para tocar el piano, es mejor estar sentado en una banqueta, es más cómoda que una silla   Cuando yo toco una pieza de cuatro manos con mi hermana, yo le doy¹ siempre la banqueta, y yo tomo una silla   Eso está muy bien,

Una banqueta

V conoce la cortesía

¿Por qué usa V "conoce" y no "sabe"?   En español, como en francés y alemán, tenemos dos verbos contra uno en inglés, el verbo *to know*   Estos dos verbos son *conocer* y *saber*   Voy a explicar la diferencia.   "Conocer" es tener conocimiento (= información) por *los ojos*, cómo "conocer a una persona," "conocer una casa," "conocer el camino (= ruta)," etc   "Saber" es tener conocimiento por el entendimiento, como "saber la lección," "saber el francés," "saber tocar el piano," etc   ¿Comprende V la diferencia entre estos verbos?   Creo² que sí

Vamos a resumir (= repetir) lo que hemos aprendido   En español tenemos dos verbos, *ser* y *estar*, contra el único verbo inglés *to be*, tenemos dos verbos, *tener* y *haber*, contra el único verbo inglés *to have*, y dos verbos, *conocer* y *saber*, contra el

---

¹ El indicativo presente del verbo irregular *dar* (*dando, dado*) es *doy, das, da, damos, dais, dan*

² *creer* = imaginar, suponer (= hacer la suposición)

único verbo inglés *to know* ¿Sabe V bien la diferencia que hay entre estos verbos? Sí, señor, yo lo sé y comprendo la diferencia.

LECCIÓN XVI (DÉCIMASEXTA)

INDICATIVO PRESENTE DE LOS VERBOS IRREGULARES
PODER Y QUERER

PODER	QUERER
(yo) puedo	(yo) quiero
(tú) puedes	(tú) quieres
(él o ella) puede	(él o ella) quiere
usted puede	usted quiere
(nosotros) podemos	(nosotros) queremos
(vosotros) podéis	(vosotros) queréis
(ellos o ellas) pueden	(ellos o ellas) quieren
ustedes pueden	ustedes quieren

Aquí vemos cinco árboles. ¿Qué más vemos? Veo a un muchacho trepado (= montado) en un árbol Los árboles son altos, ¿cómo puede el muchacho trepar? Es una cosa muy fácil El

Un muchacho en un arbol

muchacho ha subido (= montado o ascendido) al árbol por medio de la escalera de mano que está colocada contra el árbol Todo el mundo puede subir al árbol con una escalera de mano.

¿Qué quiere el muchacho que está en las ramas del árbol? (Él) quiere coger (= tomar) frutas ¿Qué frutas son? Creo que son cerezas No, no pueden ser cerezas Hay cerezas en la prima-vera y al principio del verano (= estío), y ahora estamos en el otoño ¿Qué palabras son éstas? Hágame V el favor de explicármelas

Hay cuatro estaciones en el año, que son la "primavera," el "verano" o "estío," el "otoño" y el "invierno" Cada estación comprende (= tiene) tres meses El año tiene doce (12) meses, que son enero, febrero, marzo, abril, mayo, junio, julio, agosto, sep-tiembre, octubre, noviembre y diciem-bre Entendémos (= comprendemos) ordi-nariamente por mes un espacio de treinta (30) días, pero en la realidad hay meses de veinte y ocho (28), veinte y nueve (29), treinta (30) y treinta y un (31) días Siete de los meses tienen treinta y un días, cuatro tienen treinta días, y un solo mes, el de febrero, tiene veinte y ocho días si el año es común, o veinte y nueve si es bisiesto

¿Qué sabe V de las estaciones? La "primavera" es la estación en que la naturaleza parece re-nacer¹ porque la verdura y las flores se muestran² de nuevo en los jardines y en los

---

¹ nacer = entrar en el mundo
² Del verbo irregular mostrarse (= exhibir, exponer)

campos, el "verano" es la estación de los calores durante la cual se recogen[1] las mieses (=los granos)

Una gavilla o haz de mieses

El "otoño" es la estación de las frutas, de las vendimias (= cosecha de la uva) y demás (= otras cosechas) El "invierno" es la estación del frío y el tiempo del reposo para los cultivos de la tierra.

La vendimia

Uvas

¿Qué estación le gusta[2] a V? Me gusta el verano, ¿y a V? A mí me gustan el otoño y el invierno En el otoño no hay tanto[3] calor como[3] en el verano, y hay buenas frutas se puede patinar. ¿Qué es "patinar"? Aquí está un patín Patinar es correr con patines encima del

En el invierno uno

Un patín

---

[1] *recoger* = hacer la recolección

[2] *gustar* significa tener complacencia en alguna cosa, o *ser de la aprobación* Este verbo se conjuga de este modo

(a mí) me gusta *o* gustan	(a nosotros) nos gusta *o* gustan
(a ti) te gusta *o* gustan	(a vosotros) os gusta *o* gustan
(a el *o* ella) le gusta *o* gustan	(a ellos *o* ellas) les gusta *o* gustan
a usted le gusta *o* gustan	a ustedes les gusta *o* gustan

[3] *tanto como* se aplica a la cantidad, y sirve para expresar el comparativo de igualdad

El invierno

(= sobre el) hielo "Hielo" es agua congelada
por el frío Cuando hace mucho frío *el* agua[1] se
congela, se transforma de líquida en sólida
por la acción del frío ¿Cómo llamamos el agua
de lluvia[2] helada[3]? Esta cubierta[4] (= sábana)
blanca de los techos de las casas y de la tierra es la
nieve. Este vapor helado en la atmósfera ofrece
muchas diversiones a los muchachos En el grabado vemos a un niño en un trineo sobre la nieve
¿Sabe V. patinar? Sí, señor, yo sé patinar, y es un
entretenimiento (= una distracción) que me gusta
muchísimo ¿Dónde patina V? En un pequeño estanque[5] que hay cerca (= en la vecindad)

---

[1] Empleamos *el* (artículo masculino) con *agua*, y con *hacha*
[2] *lluvia* es agua que cae de la atmósfera El verbo es *llover*
[3] *helar* = solidificar un líquido por medio del frío
[4] *cubierta*, lo que cubre, de *cubrir* (*cubriendo, cubierto*)
[5] Un *estanque* es mucho más pequeño que un *lago*

de la escuela, y donde no hay ningún peligro
(= riesgo) de que el hielo se rompa y me ahogue

LECCIÓN XVII (DÉCIMASÉPTIMA)

INDICATIVO PRESENTE DE DECIR Y HACER

DECIR	HACER
(yo) digo	(yo) hago
(tú) dices	(tú) haces
(él, ella, o V) dice	(él, ella, o V) hace
(nosotros) decimos	(nosotros) hacemos
(vosotros) decís	(vosotros) hacéis
(ellos, ellas, o VV) dicen	(ellos, ellas, o VV) hacen

Aquí está otro muchacho subiendo a un árbol ¿ Qué árbol es ? Es un manzano o árbol que tiene (= produce) manzanas. La manzana es una fruta muy buena

Una manzana

¿ Quiere V. una manzana ? Con mucho gusto (= placer), y vosotros,[1] muchachos,[1] ¿ queréis algunas manzanas ? Sí, señor, queremos algunas. Tenemos también peras en el verjel ¿ Qué es "verjel" ? Es un jardín de árboles frutales.

Un muchacho subiendo a un árbol

---

[1] Nótese el uso de *vosotros* con el verbo correspondiente

Zanahorias

Un jardín plantado de v e r d u r a s y l e g ú m b r e s [1] se l l a m a [2] (= tie-ne el nombre de) h u e r t o o h u e r-t a El ̄conjunto (= reunión) de legumbres y verduras que s e lle-van [3] á la plaza (= mercado) a ven-der se llama h'ortalıza

Buenas noches, amigo mío, ¿ cómo está V ? Muy bien, para servir a V. ¿ Qué dice V de nuevo ? Dicen (= se dice) que el Presidente está en la ciudad, y que estará [4] aquí algunos días

Un hombre, un muchacho y un perro

¿ Puede V decirme lo que represen-ta el grabado adjunto ? Sí, señor, repre-senta un hom-bre, un mu-chacho y un perro Los tres están en un bosque. El hombre d e s-cansa (= re-posa) de su t r a b a j o , él está cansado (= fatigado). ¿ Dónde trabaja él ? En el jardín y en el bosque.

---

[1] Las zanahorias son una especie de legumbres
[2] Del verbo *llamarse* Cf p 62, n 1
[3] El pronombre *se* da un sentido pasivo al verbo Cf p 58, n 1
[4] Futuro de indicativo del verbo *estar* (*estando, estado*)

¿ Qué árboles hay en el bosque ? Hay varias clases
de árboles, pero principalmente nogales Un
nogal es un árbol muy conocido
por su madera y su fruto, la
nuez

Nueces

¿ Qué es "madera"? Es la substancia dura y compacta de
un árbol Los carpinteros usan
madera para fabricar (= cons-
truir) casas y otros objetos Las mesas, las sillas, los
pupitres, y los bancos de la escuela, son de madera

¿ Qué otros objetos se hacen de madera ? Hay
tantos que no puedo nombrarlos todos La madera es indispensable al hombre Sin ella no podemos fabricar los objetos de primera necesidad.
La parte de los árboles, que, cortada,[1] se destina
para lumbre (= fuego) se llama leña "Madera,"
"bosque" y "leña" son tres
palabras que tienen una única
traducción en inglés ¿ Puede V comprender mis expli-
caciones ? Comprendo mucho
ahora El hombre corta leña
en el bosque para la lumbre de
la casa

Un leñador

¿ Qué hace el muchacho de la
página 74 ? Está hablando con el hombre ¿ Es
el hombre el padre del muchacho ? No, señor, el

---

[1] *cortada* es el participio pasivo fem de *cortar* (= dividir con un instrumento) En el grabado el hombre está cortando un arbol con un *hacha*

muchacho es el hijo de un vecino   El hombre
y el muchacho están sentados a la sombra de
los árboles   El perro está al lado del hombre
El animal le acompaña a todas partes, es un
animal muy fiel   El hombre lo quiere (= estima[1])
mucho

Nosotros tenemos también un jardinero   Es un buen jardinero, y cultiva las flores en el jardín

Ahí viene él con un rosal en una maceta Un "rosal" es un arbusto que produce rosas   ¿De qué color son las rosas?   Hay rosas blancas, encarnadas, y amarillas   La rosa es una flor que me gusta mucho, ¿y a V?   Me gustan todas las flores, y tengo muchas en mi jardín Tengo también otras flores, tulipanes, jacintos y otras muchas

Un jardinero con un rosal

En la casa tenemos también flores   Mi madre las
cultiva ella misma   Uno de sus cuartos es un
verdadero jardín.

En una extremidad del jardín tenemos un pequeño invernadero Un "invernadero" es un
lugar cerrado en que se conservan las plantas
delicadas durante el invierno

¿Qué verbos vamos a aprender en la próxima lección? Algunos verbos que son irregulares en la *primera* persona singular del presente de indicativo, pero
regulares en las otras personas ¿Cuáles son estos
verbos? Hay varios en español, principalmente en
la segunda y tercera conjugación En la próxima
lección daremos¹ los principales. Los verbos *saber*
y *hacer* que ya hemos aprendido son también unos
de ellos La primera persona es *yo sé* y *yo hago*
¡Oh, señor, no los he olvidado! Vd estudia con
cuidado y se recuerde bien

———◆◆◆———

LECCIÓN XVIII (DÉCIMAOCTAVA)

INDICATIVO PRESENTE DE LOS VERBOS **DAR, PONER,
CONOCER, TRAER** Y **SALIR**

DAR	PONER²	CONOCER	TRAER³	SALIR
doy	pongo	conozco	traigo	salgo
das	pones	conoces	traes	sales
da	pone	conoce	trae	sale
damos	ponemos	conocemos	traemos	salimos
dais	ponéis	conocéis	traéis	salís
dan	ponen	conocen	traen	salen

---

¹ Futuro indicativo del verbo *dar*, que se conjuga *daré, darás, dará,
daremos, daréis, darán*

² *poner* =colocar   ³ *traer* es lo contrario de *llevar*

Jardinero conversando con un vecino

Aquí vemos a otro jardinero Es el tercer (3ᵉʳ) jardinero de quien hablamos Éste es un jardinero viejo En la mano tiene un azadón con que acaba[1] de cavar[2] un hoyo para plantar un arbolillo[3]

Ahora está en pie conversando con un vecino suyo que viene de la ciudad ¿Conoce V a este vecino? Le conozco muy bien Vive cerca de

---

[1] *acaba de cavar* significa que *ha cavado recientemente*

[2] *cavar* es hacer hoyos (= cavidades) en la tierra

[3] Diminutivo de árbol

nosotros   El jardinero y él son viejos amigos.   El
vecino se llama *Noris*   Él viene a consultar a su
amigo el jardinero, en quien tiene mucha confianza   El señor Noris está apoyado en la barrera
que separa su terreno del otro terreno

¿Qué vehículo ve V al lado del jardinero?
¿Es un carruaje (= coche)?   No, señor, no
es un carruaje, un carruaje tiene generalmente
cuatro ruedas, y es tirado por caballos   Lo que
vemos es una carretilla, que tiene una sola
rueda, y que sirve para transportar objetos de un
punto a otro

Hemos hablado de árboles en las páginas prece-
dentes   ¿Qué sabe V de los árboles?   Los árboles
tienen raíces,[1] tronco,
ramas y hojas   Las ho-
jas de los árboles son verdes
No todas las hojas tienen la
misma forma, pero generalmente son como la que está

Una hoja

representada aquí   Los árboles pierden sus hojas
en el otoño y no las retienen en el invierno

¿No hemos hablado ya del invierno?   Sí, señor,
hemos hablado de las cuatro estaciones del año   El
invierno es muy frío en este país, y necesitamos
lumbre (= fuego) para calentar (= dar calor a)
nuestros *aposentos* (= cuartos)   Todo el mundo
tiene fuego en el invierno dentro[2] de la casa.

---

[1] El singular de *raíces* es *raíz*   La raíz es la parte invisible del árbol que
está debajo de la tierra
[2] Lo contrario de *afuera*

Lumbre en una chimenea

¿Ve V la lumbre en la chimenea? Sí, señor, ¡qué buen calor hay en el cuarto! ¿Con qué hace V la lumbre? Con carbón de piedra ¿De dónde viene el carbón de piedra? La mayor parte del carbón que quemamos (= consumimos) aquí viene de las minas del Estado de Pensilvania Muchos estados producen carbón, pero Pensilvania produce la mayor cantidad.

Una mina

En el otoño quemamos leña en la chimenea yo prefiero la leña al carbón, pero el carbón es más barato que la leña, es decir, es de menos precio (= valor), y yo no soy un ricazo

¿Qué significa "ricazo"? Ricazo es el aumen-

tativo de rico, y significa un hombre muy rico
Hombrón significa un hombre muy alto y grueso
(= corpulento), caballazo designa un caballo muy
grande También usamos el aumentativo en el
femenino, y decimos mujerona para indicar una
mujer alta y gruesa

En mi cuarto no hay chimenea, pero tengo una
estufa durante el invierno En el
verano la quito [1] ¿No necesita V
fuego en el verano? En la cocina
solamente, para preparar nuestros
alimentos, pero no lo necesitamos en
el cuarto de dormir

Una estufa

¿Dónde está su cuarto de dormir? En el piso más
alto de la casa Nuestra casa tiene cuatro pisos En
el primer piso hay el comedor, la biblioteca, y dos
salones, uno grande y otro más pequeño. En el
segundo y en el tercer piso hay los cuartos de la
familia, los cuartos de baños, y en el último piso
tenemos, mis hermanos y yo, nuestros cuartos.

LECCIÓN XIX (DÉCIMANONA)

PARTICIPIOS PASIVOS IRREGULARES

hecho (de hacer)	abierto (de abrir)
puesto (de poner)	cubierto (de cubrir)
visto (de ver)	dicho (de decir)
vuelto (de volver)	escrito (de escribir)
muerto (de morir)	

---

[1] Del verbo *quitar* (= suprimir, excluir)

Una mujer en una peña contemplando
la puesta del sol

Ahora estamos en la costa del mar   Una peña (= roca) avanza hacia el mar, y una mujer está en la extremidad de la roca y está contemplando la puesta (= desaparición) del sol   El mar ha estado tempestuoso, pero ahora parece un espejo, extendiéndose tranquilamente hasta la línea del horizonte.

¿ Qué es "espejo"?   Un espejo refleja las imágenes de los objetos y de las personas.   Está hecho de vidrio, que es un cuerpo transparente y frágil Los vasos para beber están hechos de vidrio, y también otros muchos objetos de primera necesidad El vidrio es muy útil en la industria y en las manufacturas.

¿ Ve V otra cosa en el mar que tenemos a la vista? Veo el sol, algunos pájaros volando en el aire, y a cierta distancia un buque   ¿ Qué clase de buque es?   ¿ Es un

Un vaso de agua

buque de vapor o un buque
de vela? Es un gran buque
(= barco) de vapor

Aquí tenemos un barco

pequeño Es
un barquillo
(= barqueta),
y no hace
grandes via-
jes No atraviesa[1] el océano,

Pajaros

Un barco de vela

pero va de un punto de la costa a
otro Es un barco de recreo (= diversión o placer),
y pertenece a (= es de) los hijos de un comerciante
rico de la ciudad Para los viajes largos (= extensos),
tomamos las líneas de vapores Hay varias líneas
la línea inglesa, la línea francesa, la línea alemana,
la línea holandesa, la línea italiana, y varias líneas
americanas ¿No hay una línea española? Yo no
sé, pero es muy probable ¿Cuál es la mejor línea?
Es difícil decidir esta cuestión, unos prefieren una
línea, y otros prefieren otra Los alemanes prefieren naturalmente la línea alemana, los franceses
la línea francesa y los ingleses las suyas

¿Qué línea toma V para ir a San Francisco?
Puedo tomar el viaje por mar por la línea que pasa
por el canal de Panamá, pero generalmente se
(= uno) toma el ferrocarril que cruza el continente
de los Estados Unidos Ya hemos hablado de
ferrocarriles, y hemos dicho que hay un ferro-

---

[1] Del verbo *atravesar* (= cruzar, pasar)

carril elevado en Nueva York Sí, señor, hay ferrocarriles en todo el universo, pero Nueva York es una de las ciudades de América que tiene un ferrocarril elevado en su centro En Londres hay un ferrocarril subterráneo Yo lo conozco, he estado en él En Nueva York, en Boston y en París hay también ferrocarriles subterráneos ¿ Ha estado V en París ? He visitado las principales ciudades de Europa Pienso[1] hacer otro viaje el año que viene (=próximo) He escrito a mis amigos de Europa que pueden esperarme para el mes de junio. ¿ Ha visto V al señor Robinsón en París ? No, señor, había[2] vuelto a América cuando yo estuve[3] allí

LECCIÓN XX (VIGÉSIMA)

IMPERATIVO[4]— VERBOS REGULARES

1ᵃ CONJUGACIÓN	2ᵃ CONJUGACIÓN	3ᵃ CONJUGACION
HABLAR	COMER	RECIBIR
hable V	coma V	reciba V
hablen VV	coman VV.	reciban VV
hablemos	comamos	recibamos

---

[1] *pienso* es de *pensar* (= tener la intención de)

[2] *había* es el pasado descriptivo de *haber*, que se conjuga así había, habías, había, habíamos, habíais, habían

[3] *estuve* es el pasado definido (pretérito) de *estar*, cuya conjugación es *estuve, estuviste, estuvo, estuvimos, estuvisteis, estuvieron*

[4] La formación del presente de indicativo e imperativo es totalmente inversa Si el infinitivo se termina en *a*, el imperativo toma *e*, p ej *pregunte* (de *preguntar*), y si la vocal del infinitivo es *e* o *i* la cambia en *a*, p ej *responda* (de *responder*), *reciba* (de *recibir*)

IMPERATIVO — VERBOS AUXILIARES SER Y ESTAR

SER	ESTAR
sea V	esté V
sean VV	estén VV
seamos	estemos

Un puente colgante

Mire[1] este p u e n t e sobre el gran río. ¿ Qué puente es ? Es el famoso puente que une las ciudades de Nueva York y Brooklin ¿ Ha pasado V sobre este puente ? Sí, señor, he pasado varias veces

¿ Sobre qué río está el puente ? Sobre el río del Este Dígame[2] lo que V sabe de la ciudad de Nueva York. Ya hemos hablado de esa ciudad. No importa,[3] dígame V algo más Nueva York es una ciudad riquísima; es la m'etrópoli de la nación Su puerto es uno de los mejores del mundo y el centro del comercio americano.

---

[1] El modo imperativo se usa 1°, para mandar *Tráeme un jarro de agua fresca*, 2°, para exhortar *Obedezca V a sus padres*, 3°, para rogar *Hágame (V) el favor de contestar* En la forma negativa de las 2das personas el presente de subjuntivo se usa por el modo imperativo

[2] El imperativo del verbo *decir* es *diga V*, *digan VV*, *digamos*

[3] *no importa* = no tiene importancia , no es importante

Un puerto

Explíqueme V lo que es un puerto   Un puerto es una pequeña bahía donde los buques pueden anclar y estar al abrigo de los vientos

Hágame [1] V el favor de seguir (= continuar)   Albany es la capital del Estado de Nueva York, pero Nueva York es la ciudad principal   Sus calles y avenidas son grandes, y sus casas son hermosas   Su comercio y sus manufacturas son muy importantes Es un gran mercado para el azúcar, el café, el té, el algodón, el tabaco, y otros productos

El "azúcar" se obtiene de la caña de azúcar, que se encuentra en América, Asia, y África   La caña de azúcar crece [2] en todos los países cálidos El "café" es un bellísimo arbusto de Arabia, cuyo aromático fruto es muy apreciado   El café se cultiva también en Cuba y otros países Un arbusto de China, en Asia, produce el "té" En Nueva York, y en todos los Estados Unidos, el té se toma en casi todas las familias americanas

El "algodón" es el producto de una planta llamada el algodonero   El algodón se cultiva en el sur de los Estados Unidos de Norte

---

[1] El imperativo de *hacer* es *haga V*, *hagan VV* *hagamos*   Véase p 84, n 4

[2] Del verbo *crecer* (= adquirir aumento de dimensiones)

Caña de azucar

América, y se exporta en grandes cantidades para Europa, principalmente para Inglaterra, Francia, y Alemania

El tabaco es una planta americana cuya patria es la isla de Cuba, pero que se cultiva también en los Estados Unidos, principalmente en los Estados de Kentucky, la Carolina del Norte, Virginia, Ohio y Tennessee El tabaco de

El algodón

Cosecha de algodón

Cuba es superior a todos los otros, y no tiene rival
en el mundo. ¿Qué sabe V. de la isla de
Cuba? Es la más grande, la más floreciente
e importante de todas las Antillas. La Habana es
la capital de la isla, y su población asciende a
trescientos cincuenta mil (350,000) habitantes

Vaya[1] V a mi cuarto, y trái-
game[2] mi reloj que está sobre la
mesa Aquí está el reloj ¡Muchas
gracias! Dígame ¿qué hora es?
En español decimos son las diez
Para la primera hora, decimos es la
una, pero para las otras horas usamos el plural, son las dos, las tres,
las cuatro, las cinco y cuarto,
las seis y media, las siete y
diez, las ocho menos cuarto, etc

Un reloj con su cadena

[1] El presente de subjuntivo de *ir* (*yendo, ido*)   *vaya V* se usa aquí en
lugar del imperativo porque es un acto de voluntad

[2] El presente de subjuntivo de *traer* (verbo irregular)

V tiene indudablemente (= sin duda) un reloj
Sí, señor, tengo uno de oro con la cadena del
mismo metal ¿Para qué sirve un reloj? Un reloj
sirve para indicar la hora, el punto exacto del
tiempo en que estamos ahora (= a este momento).
Una "hora" es una división del tiempo Un
reloj tiene dos agujas, la mayor indica los minutos, y la menor las horas Una hora tiene sesenta
(60) minutos, una media hora tiene treinta (30)
minutos, y un cuarto de hora tiene quince minutos Un minuto tiene sesenta segundos Un
día tiene veinte y cuatro (24) horas, y un año tiene
trescientos sesenta y cinco (365) días y en el
año bisiesto trescientos sesenta y seis días
    Mire V a este joven. Él está pescando ahora
Los peces ¹ ñadan en el agua
En el río hay muchos peces
Lo llamamos *pez*¹ cuando
está en el agua y "pescado"
cuando está sacado del agua.
En esta estación, lo como
casi todos los días ¿Le
gusta a V la pesca? Muchí-

Un pescador

simo La pesca divierte ² mucho (= causa mucha
diversión). Me gusta pescar cuando el tiempo es
bueno. Pues, si V está dispuesto,³ iremos ⁴ a pescar esta

---

¹ El nombre de *pescado* se da al *pez* (pl *peces*) que es comestible El
animal acuático *pez* llamamos *pescado* cuando ha sido ya sacado del agua
    ² El presente de *divertir* divierto, diviertes, divierte, divertimos, divertís,
divierten   ³ *dispuesto* es participio pasivo de *disponer*, véase p 81
    ⁴ Futuro de indicativo del verbo *ir* Véase p 93, n 2

tarde,¹ porque mañana no tendremos² tiempo
¿A qué hora volveremos?³ A las cinco o las seis
¿Qué haremos⁴ después? Iremos a dar un pa-
seo.⁵ Con mucho gusto, pero, ¿a dónde iremos?
Podemos ir al parque A esta hora hay mucha
gente y muchos carruajes Si V quiere, tomaremos
uno, e iremos a visitar el museo que todavía no
conozco Muy bien, vamos⁶

LECCION XXI (VIGÉSIMAPRIMERA)

VERBO REFLEXIVO O PRONOMINAL PASEARSE ⁷

AFIRMATIVO	INTERROGATIVO
(yo) me paseo	¿me paseo yo?
(tú) te paseas	¿te paseas tú?
(él o ella) se pasea	¿se pasea él o ella?
usted se pasea	¿se pasea usted?
(nosotros) nos paseamos	¿nos paseamos nosotros?
(vosotros) os paseáis	¿os paseáis vosotros?
(ellos o ellas) se pasean	¿se pasean ellos o ellas?
ustedes se pasean	¿se pasean ustedes?

---

¹ La *tarde* es el tiempo entre el mediodía y la noche

² Futuro de indicativo de *tener*   tendré, tendrás, tendrá, tendremos, tendréis, tendrán

³ Futuro de indicativo de *volver* (*volviendo, vuelto*)   Las terminaciones son   ré, rás, rá, rémos, réis, rán

⁴ Futuro de indicativo de *hacer* (*haciendo, hecho*)   Cf nota 3

⁵ *dar un paseo* significa *andar* por avenidas, parques o campos, por recreo

⁶ El imperativo de *ir* (*yendo, ido*) es   ve, vamos, id   *Vamos* y la 2ª pers sing de subj, *vaya*, se usan como interjecciones (cf en francés = *allons*), la 1ª pers de subj *vayamos* se usa únicamente en una frase dependiente ¿*Dónde quiere Vd que vayamos?* Cf p 88, n 1

⁷ El verbo reflexivo da generalmente un sentido pasivo

La noche en el campo

Este grabado representa una escena en el campo al anochecer Vemos a un hombre y a una niña El hombre es un aldeano (=paisano[1]) y la niña es su hija El padre pone una linterna en las manos de su hija para que[2] ella pueda[3] ir a casa de un vecino que vive a cierta distancia de la choza (=casa de aldeano). La noche está

---

[1] *paisano* (= campesino, rústico) es un hombre que cultiva la tierra

[2] *para que* y varias otras conjunciones compuestas requieren (=gobiernan) el subjuntivo

[3] Subjuntivo presente del verbo *poder*, que se conjuga *que yo pueda, que tu puedas, que el pueda, que nosotros podamos, que vosotros podáis, que ellos puedan*

obscura, y sin linterna la pobrecita[1] no podría[2] hallar (= encontrar) el camino

Los caminos en las aldeas[3] no son como las calles de las ciudades No están alumbrados con gas, y cuando no hay luna, la obscuridad es completa. Por esto (= esta razón) no me gusta vivir en el campo Sí, pero el campo tiene también sus ventajas (= atractivos) A mí me gusta mucho estar en el campo en el verano.

En el campo gozamos[4] de cuanto hermoso y atractivo ofrece la naturaleza Las plantas, las yerbas, las flores, los prados (= campos), las fuentes, los bosques, las colinas[5] y llanuras,[6] los valles,[7] el aire balsámico y puro, el cielo claro y sereno, son todos cosas que nos convidan (= atraen), y nos hacen olvidar los cuidados (= las inquietudes) de la ciudad

Una fuente

¡Qué entusiasmo ! Confieso[8] que el campo

---

1 Diminutivo femenino del adjetivo *pobre*

2 Condicional del verbo *poder*, que se conjuga *podría, podrías, podría, podríamos, podríais, podrían*

3 Una *aldea* es menos grande (= menor) que una ciudad, y no tiene tantas casas

4 Indicativo presente del verbo *gozar* (= tener placer en)

5 Una *colina* es una pequeña elevación de tierra

6 Una *llanura* es un espacio de tierra plana

7 Un *valle* es la parte comprendida entre dos colinas o montañas

8 Indicativo presente del verbo irregular *confesar*, que se conjuga *confieso, confiesas, confiesa, confesamos, confesáis, confiesan*

es agradable en c1ertos momentos del año, pero yo prefiero la c1udad, pr1nc1palmente en el 1nv1erno, pues (= porque) voy a los teatros, a los ba1les y a otras d1vers1ones (= placeres).

¿ Va V a menudo (= frecuentemente) al teatro ? Voy cuando hay una func1ón buena Me gustan también la mús1ca y el canto [1] No hay cosa que más me guste que la música acompañada de un canto armon1oso Por esto es muy bueno ded1carse al canto y a tocar algún 1nstrumento

¿ Toca V algún 1nstrumento ? Toco la flauta, pero no canto M1 hermana canta muy b1en, y es una de las que cantan en el coro de nuestra 1gles1a ¿ Conoce V nuestra 1gles1a ? No la conozco M1re V. por la ventana Ah1 está Es una 1gles1a pequeña, pero bastante grande para nuestra congregac1ón

Una 1gles1a

S1 V lo qu1ere, 1remos [2] a v1s1tar la 1gles1a, y después daremos [3] un paseo El paseo es una cosa muy saludable, y cas1 s1empre agradable y d1vert1da, espec1almente s1 uno va en buena compañía y por am eñ o s (= agradables) jardines y praderas Pero es más provechoso (= út1l)

---

[1] Mús1ca vocal

[2] Futuro del 1nd1cat1vo del verbo 1r, que se conjuga 1ré, 1rds, 1rd, 1remos, 1ré1s, 1rdn

[3] Futuro del 1nd1cat1vo del verbo dar, que se conjuga daré, darás, dard, daremos, dare1s, dardn

todavía, l e j o s (= distante) del camino f r e c u e n-
t a d o, y a la sombra de algunos árboles, o en los
jardines públicos, que a b u n d a n en flores, plantas,
e s t a t u a s y fuentes, y cuando no hay mucha
g e n t e (= muchas personas) ni gran ruido (= rumor) Tiene V razón [1]

Hemos llegado a la última lección de este libro
Hemos hablado de muchas cosas, y V ha hecho
muchos a d e l a n t o s (= progresos), ¿ no es verdad? [2]

Sí, señor, yo comprendo
mucho ahora, y hablo un
poco Muy bien, voy a
decirle [3] para concluir una
fábula de Iriarte, que todo
el mundo conoce y que V
habrá leído sin duda en
inglés ¿ Ve V. a este perro,
con un pedazo de carne en
la boca, mirando su imagen
en el agua? Dice la fábula

Un perro viendo su imagen en el agua

Quien [4] lo a j e n o [5] c o d i c i a [6]
Hasta [7] lo suyo pierde, y con justicia
Cierto can [8] que pasaba un río

---

[1] razón se usa en español con el verbo tener yo tengo razón, V tiene
razón, ¿ quién tiene razón? La forma interrogativa se usa frecuentemente
por la afirmativa

[2] ¿ no es verdad? = ¿ no es así ?   [3] decirle o decirle a V

[4] quien está aquí por el que, la persona que

[5] lo ajeno significa la propiedad de otra persona

[6] codicia = quiere, desea

[7] hasta = también   [8] can = perro.

Con un trozo [1] de carne entre los dientes,
Viéndose [2] en los cristales [3] al vivo retratado, [4]
Creyó [5] que era otro can con otra presa [6]
Robarsela intentó, [7] y erró [8] la empresa, [9]
Porque soltó [10] engañado [11]
La segura [12] comida [13]
Y no pudo [14] lograr [15] la apetecida [16]

Muchísimas [17] gracias   Es la primera fábula que
he oído [18] en español, y me ha gustado mucho

---

[1] *trozo* = pedazo, fragmento, porción

[2] Gerundio del verbo *ver* (*viendo, visto*) usado como verbo reflexivo

[3] *los cristales* = el agua

[4] *al vivo retratado* = perfectamente representado

[5] *creyó* es la 3ª persona del pasado absoluto de *creer* (*creyendo, creído*)
Los verbos cuya raíz se termina en vocal, como *leer, huir, caer*, cambian la *i*
de las terminaciones (con diptongo) en *y*   Se cambia en el pasado absoluto
la 3a persona del singular y del plural   *creí, creíste, creyó, creímos, creísteis,
creyeron*

[6] *presa* = botín, propiedad de un otro obtenido fraudulentamente

[7] *robársela intentó* (= intentó robársela) significa *intentó tomar de él
por fuerza*

[8] Pasado absoluto del verbo *errar*, que se conjuga   *erré, erraste, erró,
erramos, errasteis, erraron   Errar* es *hacer error*

[9] *empresa* = proyecto

[10] Pasado absoluto del verbo *soltar*, que se conjuga   *solté, soltaste, soltó,
soltamos, soltasteis, soltaron   Soltar* significa aquí   *dejar caer o permitir
escapar*

[11] *engañado* = por error

[12] *segura* = cierta

[13] *comida* = alimento, provisión

[14] Pasado absoluto irregular de *poder*, que se conjuga   *pude, pudiste, pudo,
pudimos, pudisteis, pudieron   Poder* = tener la facultad

[15] *lograr* = obtener

[16] *la apetecida*, es decir la carne apetecida (= deseada, codiciada)

[17] Las terminaciones -*ísimo* (-*a*, pl -*os*, -*as*) forman el superlativo enfático, como *feliz, felicísimo*, pero algunos adjetivos tienen dos formas como
bueno, bonísimo y *óptimo*

[18] El verbo *oír* (*oyendo, oído*) es muy irregular   El presente de indicativo
es   *oigo, oyes, oye, oímos, oís, oyen*, y el subjuntivo   *oiga, oigas, oiga,
oigamos, oigáis, oigan*

¡Escuche (= oiga) V ! Si le gusta a V la poesía, me recuerdo[1] de una de las rimas de Gustavo Adolfo Bécquer (nacido[2] en Sevilla en 1836 y muerto[3] en Madrid en 1870), y acaso no hay español que no recuerde[4] las bellísimas poesías de este gran poeta Quisiera[5] dictar a V este trozo (= pedazo) para que V la aprenda[6] de memoria Escriba V el dictado en papel

¿ Qué es poesía ? dices mientras clavas[7]
En mi pupila tu pupila azul,
¿ Qué es poesía ?   ¿ Y tú me lo preguntas ?
Poesía   eres tú

Hágame el favor de leer en voz alta, cuando V aprenda el poema de Bécquer, y antes de acabar (= terminar) la última de nuestras lecciones, quiero

---

[1] Los verbos de la 1ª y de la 2ª conjugación que tienen la vocal *o* en la penúltima sílaba del infinitivo se cambian en *ue* en el singular y en la tercera persona del plural de los presentes de indicativo, subjuntivo e imperativo Vease *volver*, p 67, n 1 y *poder*, L XVI

[2] *nacer* (*naciendo, nacido*) es irregular en la primera persona del presente de indicativo, *nazco*, como *conocer* Cf p 77, L XVIII Los verbos que se terminan en *-acer*, *-ocer*, *-ecer*, como *ofrecer*, y *lucir* también, toman una *z* delante de la *c*, cuando la *c* tiene el sonido de *k* En el subjuntivo estos verbos tienen la *z* en todas las personas del presente y imperativo (*nazca, nazcas*, etc)

[3] *morir* (*muriendo, muerto*) y *dormir* (*durmiendo, dormido*) cambian la vocal *o* de la raíz en *ue* en los mismos tiempos y personas que en *recordar* Vease nota 1

[4] El subjuntivo presente de *recordar* es   *recuerde, recuerdes, recuerde, recordemos, recordeis, recuerden*

[5] El subjuntivo pasado de *querer* es   *quisiera, quisieras, quisiera, quisieramos, quisierais, quisieran*

[6] Después de *para que* se emplea el subjuntivo El presente de subjuntivo de *aprender* (*aprendiendo, aprendido*) es *aprenda, aprendas, aprenda, aprendamos, aprendáis, aprendan*

[7] *clavar* significa aquí *fijar* (*los ojos*) Cf *mirar*, p 24

dictar a V una carta que pueda ser modelo de correspondencia española

San Juan, Puerto Rico,
el 14[1] de septiembre de 1915.

Sres Morales y Cía,[2]
Buenos Aires, Argentina
Muy Señores míos

Habiendo leído[3] en el último número del periódico americano, " El Norteamericano," que necesitan VV. un dependiente entendido en todos los ramos de su negocio y que sepa[4] llevar la correspondencia en inglés y en español, me tomo la libertad de ofrecerles mis servicios para dicho[5] empleo Conociendo[6] muy bien los ramos de comercio que cultiva su respetable casa de VV, me encuentro[7] en condición de satisfacer sus deseos.

Los señores Martínez e Irámez de ésta,[8] en cuya casa estoy trabajando desde hace trece años, podrán[9] darles informes satisfactorios sobre mi persona,

---

[1] Para la fecha usamos en español los números *cardinales*

[2] *Cia* es una abreviatura de *Compañia*

[3] *leer* (*leyendo, leido*) Los verbos terminados en *-eer*, como *leer, creer, poseer, proveer* cambian una *y* para la *i* en el gerundio, y tambien en la 3ª persona singular y plural del pasado absoluto de indicativo y en todas las personas del pasado de subjuntivo

[4] El presente de subjuntivo de *saber* (*sabiendo, sabido*) es *sepa, -as, -a, -amos, -dis, -an* Cf p 34

[5] *dicho*, participio pasado de *decir* Cf. p 81, L XIX

[6] *conocer* (*conociendo, conocido*) Para los verbos que se terminan en *-cer*, cf p. 96, n 2

[7] De *encontrar* Cf p 63, n 5

[8] *de ésta* (ciudad) *Ésta* es pronombre demostrativo

[9] Futuro de *poder*

que crean[1] necesarios, y puedo asegurarles que haré [2]
todo mi posible para merecer la confianza de VV

Esperando una contestación favorable tengo el
honor de ofrecerme de VV. S S S q b s m.[3]

Juan de Toro y Miguel.

Por ahora es bastante la poesía　En el próximo
otoño después de las vacaciones volveremos [4] a
principiar (= empezar) la lectura del segundo libro
y de unos libritos de los a u t o r e s modernos, principalmente comedias, porque éstas nos dan el i d i o m a
(= la lengua) de hoy (= nuestros días)

Durante el verano VV no deben dejar (= tienen
que [5] dejar) de escribirme algunas cartas y d e v e z
en cuando [6] una tarjeta postal [7] y VV. podrán
considerarme muy d i c h o s o al recibo de éstos

Muy amigos míos, yo no quisiera perder la
esperanza de volver a ver a VV en el principio
del mes de octubre, mas (= pero) e n t r e t a n t o [8]
me contento con decir a VV de corazón mis
"Adiós" y "¡Que VV lo pasen bien!" [9]

---

1 Presente de subjuntivo de *creer*　　　2 Futuro de *hacer*

3 Abreviatura de *su seguro servidor que besa su mano*　En América se
emplea generalmente la frase　*Tengo el gusto, señor, de ser su obediente servi
dor* o *Soy de V afm^o* (*afectísimo*) *y att^o* (*atento*) *S S*

4 El futuro de *volver* es　*volveré, volverás, volverá, volveremos, volveréis,
volverán*

5 El uso de *que* con *tener* está explicado en p 67, n 2

6 *de vez en cuando* = de cuando en cuando

7 *tarjeta postal* es una c a r t u l i n a que se emplea como c a r t a sin s o b r e
El sobre es el cubierto de la carta

8 *entre tanto* = mientras

9 *¡Que VV lo pasen bien!* corresponde a la frase　*¡Vayan VV. con
Dios!*

EXPRESIONES (FRASES) ÚTILES PARA LA CLASE

1	Pasar lista a la clase	*To call the class roll*
2	¿ Quiénes asisten (faltan) hoy?	*Who are present (absent) to-day?*
3	Mande (V), Servidor (a)	*Present* (in answer to roll call)
4	¿Qué lección tenemos para hoy?	*What is to-day's lesson?*
5.	¿ En qué página principiamos?	*On what page do we begin?*
6	¿ Cuál renglón (párrafo)?	*What line (paragraph)?*
7	¿ Qué fecha tenemos?	*What date is it?*
8	Pronuncie V [1] después de mí , con cuidado	*Pronounce after me , carefully*
9	Lea V [1] el español	*Read the Spanish*
	Sírvase V leer	*Please read*
	Tenga V la bondad de principiar la lectura	*Please begin to read*
10	Escriba V , traduzca V , conjugue V	*Write , translate conjugate*
11	Hágame V el favor de abrir (cerrar) los libros	*Please open (shut) your books*
12	Levántese (*pl* levántense)	*Rise, get up, stand up*
13	Siéntese V	*Sit down, be seated*
	Vaya V a la pizarra	*Go to the blackboard*
14	¿ Hay algo que corregir?	*Is there anything to correct?*
	¿ Cúal error?	*What mistake?*
15.	¿ Tiene V algo que añadir?	*Have you anything to add?*

---

[1] The plural of many of these phrases may readily be formed, as, *Pronuncien VV*, *Lean VV*, etc.

16	¿ Mande V ?	*What did you say* (or *wish*) ?
17	Me hace el favor de explicar (repetir)	(*Will you*) *please explain* (*repeat*)
18	¿ Qué quiere decir eso ? ¿ Qué significa eso ?	*What does that mean ?*
19	Dispenseme (V) ¿ cómo se dice (escribe, pronuncia) ?	*Pardon me* (*I beg your pardon*), *how do you say* (*write, pronounce*) ?
20	No hay de qué (no vale la pena)	*You are welcome, don't mention it*
21	Comience (= empiece) V la lección de gramática (lectura)	*Begin* (*start*) *the grammar* (*reading*) *lesson*
22	Con permiso de Vd ¿ no debe ser (debía de haber) ? En vez de	*By your leave, should it* (*there*) *not be? Instead of*
23	¿ Porqué alce V la mano ?	*Why do you raise your hand?*
24	¿ Porqué llega V tarde ?	*Why are you late ?*
25	¿ Porqué no tiene V su libro de apuntaciones, lo ha olvidado ?	*Why do you not have your notebook, have you forgotten it ?*
26	¡ Ponga atención ! V no hace nada	*Pay attention, you are doing nothing*
27	No olvide V el punto, el punto de admiración, las comillas, la coma	*Don't forget the period, exclamation point, quotation marks, comma*
28	Su lectura es mala, repita V cuando le corrijo	*Your reading is bad, repeat when I correct you*
29	Conteste Responda } V en oración completa	*Answer in a complete sentence*
30	No tan de prisa, y mas alto (bajo)	*Not so fast, and louder* (*more softly*)
31.	Está muy (bastante) bien	*That is quite good*
32.	Muéstreme (enséñeme) su libro	*Show me your book*
	Déjeme ver su libro	*Let me see your book*

33	Traduzca (estudia) V lo que pueda	*Translate (study) what you can*
	Traduzca (escriba) V cuanto pueda	*Translate (write) as much as you can*
34	No hay tiza, ¡ traiga V !	*There is no chalk, go and get (fetch) some*
35	¡ Bastante ! Es suficiente (bastante)	*Enough ! that will do*
36	¿ Es verdad? No es verdad	*Is it so, is it not so? Not so*
37	Vamos a ver	*We shall see*
	Vamos adelante	*Let us proceed*

SALUDOS Y DESPEDIDAS

1	Buenos días (buenas tardes, noches)	*Good morning, good day (good afternoon, good evening or night)*
2	¿Cómo está Usted? ¿Cómo lo pasa?	*How are you?*
3	¿Qué tal?	*How goes it (familir.)?*
4	Muy bien, gracias, y Usted?	*Very well, thank you, and (how are) you?*
5	Regular (sin novedad)	*Fairly well, so so, as usual*
6	Me alegro de verle a V	*I am glad to see you*
7	¿Con quién tengo el honor (gusto) de hablar?	*Whom have I the honor (pleasure) of addressing?*
8	Con Pedro Calderón, servidor de Usted (para servir a V)	*Peter Calderon, at your service (may it please you)*
9	Siento molestarle, señor	*I am sorry to trouble you, Sir.*
10	No hay molestia	*No trouble whatever*
11.	Mucho gusto en conocerle Celebro la ocasión de conocerle Me alegro de conocer a V	*I am pleased to make your acquaintance (to meet, know you)*

12	¿Cómo se llama este caballero?	*What is this gentleman's name?*
13	¿Qué le parece esta señorita?	*What do you think of this lady?*
14	Quítese el sombrero y siéntese	*Take off your hat and sit down*
15	He de salir (tengo que despedirme)	*I must go (take my leave), must say good-by*
16	Siento mucho de saber que su señor padre no está en buena salud	*I regret to learn that your father is not well*
17	¿Qué hay de novedad (nuevo)?	*What is the news?*
18	Todo el mundo habla de la guerra	*Everybody is talking about the war*
19	Hasta luego (la vista, otra vez)	*Until we meet again (till another time)*
20	Vaya V con Dios	*Farewell (good-by), God be with you*
21	Que V lo pase bien	*Good luck to you*
22	¡Beso a V la mano!	*I kiss your hand*
23	¡A los pies de V!	*At your feet* (formal to ladies)

Alemania, *f*, Germany
alfabeto, *m*, alphabet
álgebra, *f*, algebra
algo, *pron*, anything, something,
   adv, somewhat
algodón, *m*, cotton
algodonero, *m*, cotton plant
algún, *shortened form of* alguno
alguno, *pron*, some one, several,
   any (one), *pl*, a few, some
alimento, *m*, food, provision
almacén, *m*, store, shop
almorzar, to breakfast
almuerzo, *m*, breakfast —
Alpes (los), the Alps
alrota, *f*, a coarse tow
alto, -a, high, tall, big, large
alto, *m*, story, floor
alumbrar, to light (up), illuminate
alumno, *m*, pupil
allí, *adv*, there
amable, amiable, kind
amar, to love
amarillo, -a, yellow
ambos -as, both
ameno, -a, pleasant
América, *f*, America
americano, -a, American, *as
   noun*, American
amigo, *m*, friend
anciano, -a, old, ancient, *as
   noun*, old person
anclar, to anchor
ancho, -a, wide, broad
Andalucía, *f*, Andalusia
andar, to walk, go (*simple action*)
animal, *m*, beast, brute, animal
anochecer, to be *or* grow dark
ante, *prep*, before
anteponer, to place before *or* first
anterior, *adj*, front, anterior,
   former
antes, *prep*, before, *adv*, formerly
Antillas, *f pl*, West Indies
Antonio, *m*, Anthony

anular, ring-shaped, dedo
   ring finger
año, *m*, year
apacible, meek, gentle, peaceable
apellidar, to call
apetecer, to long for, crave
aplicar, to apply
aposento, *m*, room, bedroom,
   apartment
apoyarse, *refl*, to rest, lean on (*or*
   upon), support
apreciar, to appreciate, value,
   esteem
aprehensión, *f*, apprehension
aprender, to learn, study
aprobación, *f*, approbation
aproximación, *f*, approximation,
   con —, approaching to
aproximadamente, *adv*, approxi-
   mately
aquel, aquella, *dem adj*, that,
   pl, those
aquél, aquélla, aquello, *dem
   pron*, that, that one, *pl*,
   those
aquí, *adv*, here
Arabia, *f*, Arabia
árbol, *m*, tree
arbolillo, *m*, young tree
arbusto, *m*, shrub
Argentina, *f*, Argentine Republic
aritmética, *f*, arithmetic
armonioso, -a, harmonious
aromático, -a, aromatic ·
arrancar, to pull out, wrest
   (from)
arribar, to arrive
arrojar, to dart, fling, throw
artículo, *m*, article
artificial, artificial
Arturo, *m*, Arthur
ascender, to ascend, reach,
   mount, — a, amount to
asegurar, to assure
así, *adv*, so, thus, as, — como,
   as well as
Asia, *f*, Asia
asiento, *m*, seat

aspiración, *f*, aspiration
aspirar, to draw in the breath, covet, long for
astro, *m*, heavenly body, star
astrónomo, *m*, astronomer
atar, to tie, bind, attach
atender, to take care of
atento, -a, respectful
Atlántico, *m*, Atlantic
atmósfera, *f*, atmosphere
atractivo, *m*, attractive, enchanting
atraer, to attract, invite
atravesar, to cross, traverse
aumentar, to increase
aumentativo, -a, augmentative
aumento, *m*, increase
aun, aún, *adv*, yet, still
Austria, *f*, Austria
autor, *m*, author
auxiliar, auxiliary
avanzar, to advance, progress, extend
avenida, *f*, avenue
azadón, *m*, spade
azúcar, *m*, sugar
azul, blue

B

bahía, *f*, bay
baile, *m*, dance, ball
bajo, *adv*, low, under, below
balar, to bleat
balsámico, -a, balsamic, balmy
bancario, -a, banking
banco, *m*, bench, bank
banda, *f*, band, orchestra
banquero, *m*, banker
banqueta, *f*, piano stool
bañar, to bathe
baño, *m*, bath, bathtub
barato, -a, cheap
barco, *m*, bark, ship, vessel
barqueta, *f*, small boat, bark
barquillo, *m*, small boat
barrera, *f*, fence
bastante, *adv*, enough, quite, sufficient(ly)

bastón, *m*, walking stick, cane
baúl, *m*, trunk
beber, to drink
Bélgica, *f*, Belgium
bellísimo, -a, very beautiful
bello, -a, beautiful
Berlín, Berlin
besar to kiss
bestia, *f*, beast, cattle
biblioteca, *f*, library
bien, *adv*, well, good
bigote, *m*, mustache
bisiesto año —, leap year
blanco, -a, white
blusa, *f*, blouse
boca, *f*, mouth entrance
bola, *f*, ball
bolilla, *f*, marble
bondad, *f*, goodness, kindness
bonísimo, -a, very good
bosque, *m*, forest, wood
bota, *f*, boot
botín, *m*, booty
Brasil (el), Brazil
brazo, *m*, arm
brevedad, *f*, brevity, short period
buen, *see* bueno
bueno, -a, good, kind, well, ser —, to be good, estar —, to be well
buey, *m*, ox
buitre, *m*, vulture
bujía, *f*, candle
buque, *m*, ship, boat, — de vapor, steamer, — de vela, sailboat

C

caballazo, *m*, big stout horse
caballero, *m*, gentleman
caballito, *m*, little horse
caballo, *m*, horse, montar a —, to ride (horseback), go riding
cabello, *m*, hair
cabeza, *f*, head, chief, principal
cabo, *m*, cape, end
cabra, *f*, she-goat.

cada, *adj* , each, every, — cual, — uno, -a *pron* , each one, every one

cadena, *f* , chain

caer, to fall, drop

café, *m* , coffee

calcular, to calculate, figure

cálculo, *m* , calculation, account, sum

calentar, to heat, warm

cálido, -a, hot, warm

caliente, warm, hot

calor, *m* , heat, ardor, hacer —, to be *or* grow warm

calle, *f* , street

cama, *f* , bed

cambiar, to change, exchange

cambio, *m* , change, bank

camino, *m* , road, way, journey

campesino, *m* , countryman, peasant

campo, *m* , field, country

can, *m* , dog (*cf* perro)

Canadá (el), Canada

canal, *m* , canal

canción, *f* , song

candelero, *m* , candlestick

cansado, *p p* , tired, fatigued

cantar, to sing

cantidad, *f* , quantity

canto, *m* , singing, song

caña, *f* , cane, — de azúcar, sugar cane

cañon, *m* , cañon

capital, *f* , capital (city)

cara, *f* , face

carácter, *m* , character

carbón — (*m*) de piedra, coal

cardinal, *adj* , cardinal

cargar, to load, burden, charge, carry, rest

Carlos, *m* , Charles

carne, *f* , meat, flesh

carnicería, *f* , meat market

carnicero, *m* , butcher

carpintero, *m* , carpenter

carretilla, *f* , wheelbarrow

carril, *m* , rail

carro, *m* , car, wagon

carruaje, *m* , carriage

carta, *f* , letter

cartulina, *f* , cardboard

casa, *f* , house, a —, home, en —, at home, — de campo, country house

casar, to marry

casi, *adv* , almost, nearly

casita, *f* , small dwelling house

caso, *m* , case, event, fact

castellano, -a, Castilian, Spanish, *m* , the Spanish language

catorce, *num* , fourteen

caucásico, -a, Caucasian

causa, *f* , cause, origin

causar, to cause, effect

cavar, to dig

cavidad, *f* , cavity, hole

caza, *f* , chase, game

ceder, to cede, yield

celeste, celestial

cena, *f* , supper

cenar, to sup, take supper

centavo, *m* , cent, penny

centro, *m* , center

cerca, *adv* , near, — de, close by (to)

cercano, -a, near

cereal, *m* , cereal

cereza, *f* , cherry

cerrar, to close, shut, inclose

choza, *etc* , see *under* ch

ciego, -a, blind

cielo, *m* , sky, heaven

cien, *num* , *used for* ciento *before nouns*

ciento, *num* , one hundred

cierto, -a, certain, por —, certainly, of course

cinco, *num* , five

cincuenta, *num* , fifty

ciudad, *f* , city

claridad, *f* , clearness, brightness, light

claro, -a, clear, plain

clase, *f* , class, sort, kind

clásico

clavar, to fix, fasten, stare (at)
cobre, *m* , copper
cocer, to cook, boil
cocina, *f* , kitchen
cocinero, -a, *m and f* , cook
coche, *m* , coach, carriage, car
cochero, *m* , coachman, driver
codiciar, to covet, desire
coger, to gather, get, catch
colección, *f* , collection
colegio, *m* , college
colgar, to hang, suspend
colina, *f* , hill
colocación, *f* , position
colocar, to place, put, set
color, *m* , color, hue
colorado, *m* , red
comedia, *f* , comedy
comedor, *m* , dining room
comer, to eat, dine
comercial, commercial
comerciante, *m* , merchant
comercio, *m* , commerce, trade, business
comestible, *adj* , eatable, *m pl* , provisions, food
comida, *f* , food, dinner, meal
comisión, *f* , commission
como, *adv* , as, like
¿cómo? *inter adv* , how? ¿— está V ? how are you ?
cómodo, -a, comfortable, convenient, easy
compacto, -a, compact, solid
compañía, *f* , company, assembly
comparar, to compare
comparativo, -a, comparative, *as noun*, comparative
comparese, *see* comparar
compensación, *f* , compensation
complacencia, *f* , pleasure, complacency
complementario, -a, complementary
completo, -a, complete
componer, to compose, compound, fix, take care of
comprar, to buy, purchase

comprender, to comprise, include, understand, comprehend
compuesto, compound, *p p of* componer
común, common
con *prep* , with, by
conceder to concede, yield, give
concluir, to conclude, finish
conclusión, *f* , conclusion, end
concordar, to agree accord
concuerdan, *see* concordar
condición, *f* , condition, term(s)
conexión, *f* , connection
confesar, to confess
confianza, *f* , confidence
congelar, to freeze
congregación, *f* , congregation
conjugación, *f* , conjugation
conjugar, to conjugate
conjunción, *f* , conjunction
conjunto, *m* , whole aggregate, ensemble
conocer, to know, be or get acquainted with, recognize
conocimiento, *m* , knowledge, acquaintance
conozco, I know, *see* conocer
conservar, to keep, preserve, maintain
considerable, large
considerar, to consider, regard
consiguiente, consequent, por —, consequently
consistir, to consist
consonante, *f* , consonant
construcción, *f* , construction
construir, to build, make, construct
consultar, to consult
consumir, to consume, use •
contar, to count, reckon, relate
contemplar, to contemplate, look at
contener, to contain, restrain
contentarse, to be contented
contento, -a, content, happy
contestación, *f* , answer

contestar to confirm, answer, reply

continente *m*, continent

continuar, to continue, go on

continuidad, *f*, continuity

contra, *prep*, against, in contrast to

contracción, *f*, contraction

contraer, to contract, — matrimonio, to marry

contrario, -a contrary, opposite, al *or* por el —, on the contrary

conversar to converse

convidar, to invite

convocar, to convene, convoke

corazón, *m*, heart

coro, *m*, choir, chorus

corpulento, -a, fat, corpulent

correa, *f*, strap

correr, to run

correspondencia, *f*, correspondence

corresponder, to correspond, answer

correspondiente, corresponding

corriente, *adj*, current

corriente, *m*, current, stream (*cf* correr)

cortar, to cut, interrupt

cortés, polite

cortesía, *f*, courtesy, politeness

cosa, *f*, thing, object, matter, no hay —, no matter, that is nothing

cosecha, *f*, harvest, crop

coser, to sew

costa, *f*, coast, strand, shore

crecer, to grow

creer, to believe, think, creo que sí, I think so

criado, -a, *m and f*, servant

cristal, *m*, crystal, glass, mirror

cruz, *f*, cross

cruzar, to cross, cross over

cual, *rel pron*, which, such, el (la, lo) —, which, who, whom, cada —, each one, por lo —, for which reason

¿cuál? *inter pron*, which? what (one)?

cuán, *see* cuánto

cuando, *adv*, when, whenever

¿cuándo? *inter adv*, when

cuanto -a, *rel pron and adj*, all that as much as

¿cuánto, -a? *inter pron and adj*, how much? *pl*, how many?

cuarenta, *num*, forty

cuarto, -a, fourth

cuarto, *m*, quarter, room, apartment, — de dormir, bedroom

cuatro, *num*, four

cubierta, *f*, cover

cubierto, covered, *p p of* cubrir, as *noun*, *m*, cover, part of a table service

cubrir, to cover

cuchara, *f*, spoon

cuchillo, *m*, knife

cuero, *m*, leather, hide, fur

cuerpo, *m*, body, material, division

cuestión, *f*, question

cuidado, *m*, care, solicitude, attention

cuidar, to take care of, care for

cultivar, to cultivate

cultivo, cultivation

curar, to heal, cure

cuyo, -a, *poss adj*, whose, of which, of whom

CH

chaleco, *m*, vest, waistcoat

chanclo, *m*, rubber overshoe

chimenea, *f*, chimney, fireplace

chino, *m*, Chinaman

chocolate, *m*, chocolate

choza, *f*, hut

D

dar, to give, — un paseo, to take a walk, — una lección, to give *or* take a lesson, — la una, las dos, *etc*, to strike one, two, *etc*

de, *prep*, of, from, in, with, by, about, as, out of

dé, *see* dar

debajo, *adv*, beneath, — de, *prep*, under, below

deber, to owe, must, should

débil, weak, feeble, sickly

decidir, to decide, determine

décimo, -a, tenth

decimoctavo, -a, eighteenth

decimocuarto, -a, fourteenth

decimonono, -a, nineteenth

decimoquinto, -a, fifteenth

decimoséptimo, -a, seventeenth

decimosexto, -a, sixteenth

decimotercio, -a, thirteenth

decir, to tell, say, es —, that is to say, it (which) means

dedicarse, *refl*, to dedicate *or* devote one's self

dedo, *m*, finger, toe, — anular, ring finger, — de en medio, middle finger, — índice, index finger, — meñique, little finger, — pulgar, thumb

definido, -a, definite

dejar, to let, leave (off), allow, cease, quit, give up

del (*contracted from* de *and* el), of the

delante, *adv*, before, — de, *prep*, before, in front of (*cf* ante)

delicado, -a, delicate, tender

demás, *preceded by the def art*, the rest, others

demasiado, *adj*, too much, excessive, *adv*, too, besides

demostración, *f*, demonstration

demostrativo, -a, demonstrative

denotar, to denote, signify

dentadura, *f*, set of teeth

dentista, *m*, dentist

dentro, *adv*, inside, within, — de, inside of, within

dependiente, *adj*, dependent

dependiente, *m*, dependent, clerk

depositar, to deposit

derecho, -a, right, straight

derecho, *m*, tax, custom duty

derivar, to derive, obtain, gain

desaparición, *f*, disappearance

desayuno, *m*, breakfast

descansar, to rest, repose

descriptivo, -a, descriptive

descubrir, to discover, find

desde, *prep*, since

desear, to wish, desire, choose (*cf* querer)

deseo, *m*, desire, wish

designar, to designate

deslizar, to slip, slide

despedida, *f*, leave-taking

después, *adv*, after, afterwards, — de, *prep*, after

destinar, to designate, intend (for)

detalle, *m*, detail, al —, at retail

determinado, -a, determinate definite

determinar, to determine

detrás, *adv*, behind, — de, *prep* behind, after

día, *m*, day

diciembre, *m*, December

dictado, *m*, dictation

dictar, to dictate

dicho -a, said

dichoso, -a, happy

diente, *m*, tooth

diéresis, *f*, diæresis

diez, *num*, ten

diferencia, *f*, difference

diferente, different

difícil, difficult

dimensión, *f*, dimension

diminutivo, *m*, diminutive

Dinamarca, *f*, Denmark

dinero, *m*, money

Dios, *m*, God

diptongo, *m*, diphthong

directamente, *adv*, directly

directo, -a, direct
director, *m*, director
dirigir, to guide, drive, steer, direct
discípulo, -a, *m and f*, pupil
disponer, to dispose, prepare
distancia, *f*, distance
distante, distant
distinguir, to distinguish
distintamente, *adv*, distinctly
distracción, *f*, amusement
diversión, *f* recreation, amusement, fun
divertido, -a, interesting
divertir(se), to amuse (one's self)
dividir, to cut, divide
división, *f*, division
doce, *num*, twelve
doméstico, -a, domestic
domicilio, *m*, residence, home
domingo, *m*, Sunday
dominio, *m*, dominion
don, Mr (*before first name*)
donde,*adv*, where (*used relatively*), a —, whither, de —, whence
¿dónde? *inter adv*, where?
dondequiera, *adv*, anywhere
doña, Mrs (*before first name*)
dormir, to sleep
dos, *num*, two
doscientos, -as, *num*, two hundred
duda,*f*, doubt, sin —, doubtless, certainly, of course
dueño, *m*, owner, master
dulce, sweet, fresh, gentle, agreeable
duodécimo, -a, twelfth
duración, *f*, duration
durante, *prep*, during
durar, to last, endure
duro, -a, hard

E

cony (*before words beginning with i and hi*), and

edad, *f*. age, de más —, older, de menos —, younger
edificio, *m*, building, edifice
Eduardo, *m*, Edward
efectuar, to accomplish
ejemplo, *m*, example, por —, for instance
el *art m*, the, — que, one that, that which
él, *pers pron*, he, it, him
elástico, -a, elastic
eléctrico, -a, electric
elegante elegant, correct
elegir, to elect, choose, select
elevación, *f*, elevation
elevado, -a, high, lofty, elevated, *p p of* elevar
elevar, to elevate, lift
ella, *pers pron*, she, her, it
emperador, *m*, emperor
empezar, to begin, commence
emplear, to use, employ, —se, *refl*, to be used (*cf* usar)
empleo, *m*, employment, position
empresa, *f*, undertaking, purpose, enterprise
en, *prep*, in, on, at, into, upon, — frente de, opposite, before
encargar, to charge, order, entrust with (de)
encarnado, -a, red, flesh color
encima, *adv*, on, upon, over, — de, *prep*, on top of
encontrar, to find, meet, encounter
enero, *m*, January
énfasis, *m*, emphasis
enfático, -a, emphatic
enfermo, -a, indisposed, sick, ill
engañar, to deceive
ennoblecer, to ennoble, embellish
Enrique, *m*, Henry
enseñar, to teach, instruct
entender, to hear, understand
entendido, -a, wise, experienced
entendimiento, *m*, understanding
entrada, *f*, ingress, entrance

entrar, to enter, go in
entre, *prep* , between, among
entretener, to amuse, entertain,
—se, to amuse (one's self)
entretenimiento, *m* , amusement,
entertainment
entusiasmo, *m* , enthusiasm
época, *f* , epoch, period, time
equivaler, to be equal, be equiva-
lent to
errar, to err, mistake
error, *m* , mistake
es, is , he, she, *or* it is , *see* ser
esa, *see* ese
escalera, *f* , stairs , — de mano,
ladder
escalón, *m* , step
escapar, to escape, leave
escena, *f* , scene
escribir, to write
escritorio, *m* , writing table
escuchar, to listen, pay attention
escuela, *f* , school
ese, esa, *dem adj* , that
ése, ésa, eso, *dem pron* , that one
esencial, essential
eso, *neut dem pron* , that, *see*
ése
espacio, *m* , space, distance,
period
espacioso, -a, spacious, wide
España, *f* , Spain
español, -a, Spanish, *m* , Span-
iard
especialmente, *adv* , especially
especie, *f* , species, kind, class
espejo, *m* , looking glass, mirror
esperanza, *f* , hope
esperar, to expect, wait, hope
for
esperma, *f* , sperm
esposo, *m* , husband
esta, *see* este
establecimiento, *m* , institution
estación, *f* , season, station, situation
estado, *p p of* estar

estado, *m* , state, los Estados
Unidos, the United States
estanque, *m* , pond
estar, to be (*cf* ser)
estatua, *f* , statue
este, esta, *dem adj* , this
éste, ésta, esto, *dem pron* , this
one
este, *m* , east
estimación, *f* , esteem
estimar, to esteem, like
estío, *m* , summer
esto,*neut dem pron* ,this, *see* éste
estrecho, *m* , strait
estrella, *f* , star
estructura, *f* , structure, body
estudiar, to study
estudio, *m* , study, lesson
estufa, *f* , stove
etc = etcétera, etc
eufonía, *f* , euphony
Europa, *f* , Europe
europeo, -a, European , *as noun*,
European
evidentemente, *adv* , evidently
exacto, -a, exact
excelente, excellent, fine, admi-
rable
excepto, *adv* , except, excepting
exclamación, *f* , exclamation
excluir, to exclude
exhibir, to exhibit, display
exhortar, to exhort
existencia, *f* , existence, living
existir, to live, exist
explicación, *f* , explanation
explicar, to explain
exponer, to expose
exportación, *f* , exportation
exportar, to export
expresar, to express
expresión, *f* , expression
expreso, -a, expressed, clear
exprimir, to express
extender, to extend, stretch
extensión, *f* , extension, body,
extent
extenso, -a, long, extensive

exterior *m* exterior al — outside (of it)
extraer, to extract draw out
extremidad *f*, end, extremity
extremo, *m*, end, point corner

F

fábrica, *f* factory
fabricante. *m*, manufacturer
fabricar, to manufacture, make, construct
fábula, *f*, fable
fácil, easy
facilidad. *f*, facility, ease
facilitar, to facilitate, make easy
facultad, *f* faculty, power
falda, *f* skirt, lap
faltar, to fail
familia, *f* family
famoso, -a, famous
fatigar, to fatigue, tire (out)
favor, *m*, favor, hágame el —, do me the favor, please
favorable, favorable
febrero, *m*, February
fecha, *f*, date
feliz, happy
femenino, -a, feminine
feo, -a, ugly, homely
Fernando, *m*, Ferdinand
feroz, ferocious, savage fierce
ferrocarril, *m*, railroad
fiel, faithful
figura. *f*, figure, form, body
figurar, to figure, represent
fijar, to fix, fasten, plant
Filadelfia. *f*, Philadelphia
fin, *m*, end, limit, close, al —, at last
firmamento, *m*, firmament
flauta, *f*, flute
flor, *f*, flower, bloom
floreciente, flourishing
flúido, *m*, fluid, liquid
forma, *f*, form, shape
formación, *f*, formation
formar, to form, make

frac, *m*, dress coat
frágil, fragile
fragmento, *m*, piece, fragment
francés, -esa, French, *m*, Frenchman, French language
Francia, *f*, France
frase, *f*, phrase
fraudulentamente, *adv*, wrongly, by fraud
frecuencia, *f*, frequency
frecuentar, to frequent
frecuentemente, *adv*, frequently
frente. *f*, forehead, front, en — de, in front of, before
fresco, -a, fresh, cool
frío, -a, cold, hace —, it is (getting) cold
fruta, *f*, fruit (eatable)
frutal, fruit-bearing, árbol —, fruit tree
fruto, *m*, fruit (as a product)
fuego, *m*, fire
fuente, *f*, fountain, source, spring
fuera, *adv*, out, outside, without
fuerte, strong, heavy, loud
fuerza, *f*, force, strength, power
función, *f*, entertainment, performance (at a theater *or* opera)
futuro, -a, future
futuro *m*, the future (tense)

G .

gabán, *m*, greatcoat, overcoat
galocha, *f*, overshoe
ganado, *m*, cattle
ganancia, *f*, gain, profit, receipts
gas, *m*, gas
gatito, *m*, little cat, kitten
gato, *m*, cat
gavilla, *f*, sheaf of corn
general, *adj*, common, general
general, *m*, general
generalmente, *adv*, generally

género, *m*, gender, kind, sort
gente, *f*, people, persons (in general)
geografía, *f*, geography
geometría, *f*, geometry
gerundio, *m*, gerund, present participle
gitano, *m*, gypsy
globo, *m*, globe
gobernante, *m*, one that governs, governor
gobernar, to govern, rule
gobierno, *m*, government
golfo, *m*, gulf
goma, *f*, gum, rubber
gordo, -a, fat, thick, dedo —, big toe
gorra, *f*, bonnet, cap
gorro, *m*, cap
gozar, to enjoy
grabado, *m*, engraving, cut
gracias, *f pl*, thanks, favors
grado, *m*, degree
gran, see grande
Granada, *f*, city in Spain
grande, large, big, great, grand
grano, *m*, grain
Grecia, *f*, Greece
griego, -a, Greek
Groenlandia, *f*, Greenland
grueso, fat, bulky, corpulent
guardar, to keep, guard, care for
guerra, *f*, war
guerrilla, *f*, partisan warfare.
guía, *m*, guide
gustar, to like, taste, be pleased, si le gusta a V, if agreeable, if you please, if you like it
gusto, *m*, pleasure, con mucho —, gladly, with great pleasure

H

Habana (la), capital of Cuba
haber, to have, —de, to have to.
habitación, *f*, residence, lodging

habitante, *m*, inhabitant
habitar, to inhabit
hablar, to speak, talk
hacer, to make, do, be, hace ocho días, a week ago hace frío, it is (getting) cold
hacia, *prep*, towards, about
hacha, *f*, ax
hallar, to find
hasta, *prep* till, until, up to, as far as, even
hay, there is, there are, see haber
haz, *m*, bundle
hecho, -a, *p p of* hacer
helar, to freeze
hermana, *f*, sister
hermanita, *f*, little sister
hermano, *m*, brother
hermoso, -a, handsome, beautiful
hielo, *m*, ice
hierro, *m*, iron
hija, *f*, daughter
hijo, *m*, son, *pl*, children
hilera, *f*, row, line (*cf* línea)
historia, *f*, history
hoja, *f*, leaf
Holanda, *f*, Holland
holandés, -esa, Dutch
hombre, *m*, man
hombrecito, *m*, youth, young man
hombrón, *m*, large fat man
honor, *m*, honor
hora, *f*, hour, time
horizonte, *m*, horizon
hortaliza, *f*, vegetables for market, garden stuff
hoy, *adv*, to-day
hoyo, *m*, hole
huerta, *f*, large vegetable and fruit garden, kitchen garden
huerto, *m*, small kitchen garden
huevo, *m*, egg, — pasado por agua, soft-boiled egg
humano, -a, human
humo, *m*, smoke

I

idea, f, idea, thought, scheme
idioma, m, language
iglesia, f, church
igual, equal, like, same
igualdad, f, equality
igualmente, adv, equally, likewise
iluminar, to illuminate, illumine
imagen, f, image, figure
imaginar, to imagine
imperativo, m, imperative.
imperfecto, m, imperfect
imperio, m, empire
impermeable, m, raincoat, mackintosh
impersonal, impersonal
importación, f, importation
importancia, f, importance
importante, important
importar, to import, concern, matter, no importa, no matter
imprimir, to impress, impart, put upon.
incluir, to include, embrace
indefinido, -a, indefinite
indeterminado, -a, indefinite
indicar, to indicate, point out
indicativo, m, indicative
índice, m, index, dedo —, index finger, forefinger
indio, m, Indian, man from India
indirecto, -a, indirect
indispensable, indispensable
individualizar, to individualize
indudablemente, adv, undoubtedly, surely
industria, f, industry, trade
inferior, inferior, lower
inferioridad, f, inferiority
infinitivo, m, infinitive
información, f, information
informe, m, information, report
Inglaterra, f, England
inglés, -esa, English, as noun, m, Englishman, English language.

inglesa, English, f, Englishwoman
inmediatamente, adv, at once (cf instante)
inmortal, immortal
inquietud, f, disquietude, unrest
inscripción, f, inscription
instante m, moment, instant, al —, at once
institución, f, institution
instrucción, f, instruction
instruir, to instruct, teach, inform (cf enseñar)
instrumento, m, instrument (musical), implement
intención, f, intention, purpose
intentar, to design, try, attempt
intento, m, intent, purpose
interior, m, interior, inside
interjección f, interjection
interrogación, f, interrogation
interrogativo, -a, interrogative
invariable, invariable
invernadero, m, hothouse
inverso, reciprocal, inverted
invierno, m, winter
invisible, invisible
ir, to go (with purpose, cf andar), irse, refl, to go away
Iriarte, Tomás de, Spanish author, noted writer of fables
irregular, irregular
isla, f, island
Israel, Israel
istmo, m, isthmus
Italia, f, Italy
italiano, -a, Italian
izquierdo, left (hand or side).

J

jacinto, m, hyacinth
jamás, adv, ever, never
jardín, m, garden
jardinero, m, gardener
jarro, m, jug, pitcher
jefe, m, head, chief, principal

Jorge, *m* , George
José, *m* , Joseph
joven, young, *as noun*, *m* *and* *f* , youth, young person
Juan, *m* , John
Juana, *f* , Jane
Juanito, *m* , Johnny
juego, *m* , game, play
jueves, *m* , Thursday
jugar, to play, frisk, romp
Julio, *m* , Julius
julio, *m* , July
junio, *m* , June
juntar, to join, add
junto, -a, *adj* , together, united
junto a, *prep* , near, close to, beside
justicia, *f* , justice

L

la, *def art* , the, *pers pron* , her, it, you '
labio, *m* , lip
lado, *m* , side, al — de, beside
ladrar, to bark
lago, *m* , lake
lana, *f* , wool
lápiz, *m* , pencil
largo, -a, long, distant, extended
las, *def art* , *pl* , the, *pers pron* , *pl* , them, to them, you
latín, *m* , Latin
le, *pers pron* , (to) him, (to) her, (to) it, (to) you
lección, *f* , lesson, dar — con, to study with, *see* dar
lectura, *f* , reading
leche, *f* , milk
leer, to read
legumbre, *f* , vegetable
lejos, far, distant
lengua, *f* , language, tongue
leña, *f* , firewood
leñador, *m* , woodcutter
les, *pers pron* , (to) them, (to) you
letra, *f* , letter, type

levita, *f* , frock coat
libertad, *f* , liberty
librito, *m* , little book
libro, *m* , book
limitado, -a, limited
línea, *f* , line
lingüista, *m* , linguist
linterna, *f* , lantern
líquido, *m* , liquid
lo, *neuter def art* , the, *pers pron* , it, — que, which, that which, what
localidad, *f* , locality
locomotora, *f* , locomotive
lograr, to reach, obtain, secure
loma, *f* , hillock, slope
Londres, *m* , London
los, *def art* , *pl* , the, *pers pron* , *pl* , (to) them, (to) you
luces. *see* luz
lucir, to emit light, gleam
lugar, *m* , place, town (*cf* **pueblo**), en — de, instead of
Luisa, *f* , Louise
lujoso, -a, luxurious, splendid
lumbre, *f* , fire
luminoso, -a, luminous
luna, *f* , moon
lunes, *m* , Monday
lustroso, lustrous, shiny
luz (*pl* luces), *f* , light

LL

llamar, to call, name, *refl* , to be called
llanura, *f* , plain
llegar, to arrive, come, reach
llevar, to carry (on), take, transport, wear
llover, to rain
lluvia, *f* , rain

M

maceta, *f* , flowerpot
madera, *f* , wood.

madre, *f*, mother
Madrid, capital city of Spain
maestro, *m*, teacher, master
magnífico, -a, magnificent, splendid
mal, malo, -a, bad, ill, poor, sick, ser —, to be bad, estar —, to be ill
mandar, to ask, order, command
mano, *f*, hand
manso, -a, meek, gentle tame
manteca, *f* butter, lard, fat
mantel, *m*, tablecloth
mantener, to keep, maintain, *refl*, to remain
mantequilla, *f*, butter (*in America generally, cf* manteca)
manufactura, *f*, factory, production
manzana, *f*, apple
manzano, *m*, apple tree
mañana, *f*, morning, *adv*, to-morrow, por la —, in the morning, — por la —, to-morrow morning
máquina, *f*, engine, machine, — de coser, sewing machine
mar, *m and f*, sea
marchar, to march, walk, go (*cf* ir *and* andar)
María, *f*, Mary
marido, *m*, husband
mármol, *m*, marble
martes, *m*, Tuesday
marzo, *m*, March
mas, but (*cf* pero)
más, *adv*, more, — que (*in comparisons*), more than
masculino, -a, masculine
matemáticas, *f pl*, mathematics
materia, *f*, material
matrimonio, *m*, matrimony
maullar, to mew
Mauricio, *m*, Maurice
mayo, *m*, May
mayor, greater, larger, older, por —, at wholesale
mayúscula, capital (letter)

me, *pers pron*, me, to me
medicina, *f*, medicine
médico, *m*, physician, doctor
medio, *m*, middle, means, de en —, middle, por — de, by means of
medio, -a, half (*cf* mitad)
mediodía, *m*, noon, midday
Méjico, *m*, Mexico
mejor, better, (*with art*), best
memoria, *f*, memory, memorial, de —, by heart
menor, less, smaller, younger, por —, at retail
menos, *adv*, less, except, por lo —, at least
menudo, -a, small, a —, often, frequently
meñique, small, dedo —, little finger
mercader, *m*, merchant
mercado, *m*, market
mercancía, *f*, merchandise, goods
merecer, to deserve
merendar, to lunch
merienda, *f*, luncheon, bite
mes, *m*, month
mesa, *f*, table, — para escribir, writing table
metal, *m*, metal
metrópoli, *f*, metropolis
mi, *poss adj*, my
mí, *pers pron*, me
mía, *see* mío
miedo, *m*, fear, tener —, to be afraid
mientras, *adv*, while, — que, *conj*, while
miércoles, *m*, Wednesday
mies, *f*, grain, harvest
mil, *num*, one thousand
mina, *f*, mine
mineral, *m*, mineral
minúscula, small (letter)
minuto, *m*, minute
mío, -a, *poss adj*, my, mine, my own

mirar, to look (at), see, behold
mismo, -a, same, self
mitad, f, half, middle
modelo, m, model
moderno, -a, modern
modista, f, milliner, dressmaker
modisto, m, tailor for ladies
modo, m, manner, way, de este
—, in this way, manner
momento, m, moment, period,
time
moneda, f, piece of money, coin
montaña, f, mountain
montañoso, -a, mountainous
montar, to mount, ride, climb,
—a caballo, ride on horseback
morir, to die
mostrar, to show
motor, -ra, motive
mover, to move, walk
movimiento, m, movement, mo-
tion
muchacha, f, girl
muchachita, f, little girl
muchachito, m, little boy
muchacho, m, boy
muchísimo, -a, very much
mucho, -a, much, pl, many
mueble, m, piece of furniture,
pl, furniture
muerto, see morir
mujer, f, woman
mujerona, f, fat ugly woman
multitud, f, quantity, crowd
mundo, m, world, todo el —,
everybody
museo, m, museum
música, f, music
músico, m, musician
muy, adv, very, greatly

N

nacer, to be born
nación, f, nation, people, race
nada, nothing, (after negative),
anything

nadar, to swim, float
nariz, f, nose
natural, natural
naturaleza, f, nature
naturalmente adv, naturally
necesariamente, adv, necessarily
necesario, -a, necessary
necesidad, f, necessity
necesitar, to need, want
negación, f, negation
negar, to deny, refuse
negativo, -a, negative
negocio, m, affair, pl, business
negro, -a, black, as noun, m,
negro
nene, m or f, baby
neutro, -a, neuter
ni, adv, nor, — —, neither
nor
Nicolás, m, Nicholas
niega, see negar
nieve, f, snow
ninguno, -a, adj, none no, (not)
any, pron, no one, nobody
niñera, f, nurse, maid for children
niñito, -a, m and f, little child
niño, -a, m and f, child
no, adv, no, not
noche, f, night, evening, de —,
by night
nogal, m, walnut tree
nombrar, to name, mention
nombre, m, noun, name
nominativo, m, nominative
nono, -a, ninth
no obstante, conj, nevertheless,
however
norte, m, north
norteamericano, -a, North American
Noruega, f, Norway
nos, pers pron, we, us, ourselves
nosotros, -as, pers pron, we, us
nota, f, note, mark, observation
notable, noteworthy, remarkable
notar, to note, observe, notice
nótese, see notar

noveno, -a, ninth
noviembre, *m* November
nuestro -a, *poss adj*, our, ours
Nueva York, New York
nueve, *num*, nine
nuevo, -a, new, de — again
nuez. *f* walnut
numeral numeral
número *m* number, issue
nunca, *adv*, never, ever

O

o, *conj*, or
obedecer, to obey
obediente, obedient
objeto, *m*, object, thing, aim
obligación, *f*, duty
obscuridad, *f*, obscurity, dark-
ness
obscuro, -a, obscure, dark
observar, to observe, notice
obstante no —, however, not-
withstanding, in spite of
obtener, to obtain (permission),
procure, attain
océano, *m*, ocean, sea
octavo, -a, eighth
octubre, *m*, October
ocupar, to occupy, be busy with
ochenta, *num*, eighty
ocho, *num*, eight
oficina, *f*, office, workshop
ofrecer(se), to offer (one's self),
promise
oír, to hear, hearken
ojo, *m*, eye
olvidar, to forget
omisión, *f* omission
omitir, to omit
once, *num*, eleven
ópera, *f*, opera
operar, to operate, act, work
oposición, *f*, opposition
óptimo, -a, very good
opuesto, -a, opposite, contrary
oración *f* sentence, speech
ordeñar, to milk

ordinariamente, *adv*, ordinarily
generally
ordinario, -a, common, regular,
de — generally
oreja, *f* ear
oro, *m*, gold, money
orquesta, *f*, orchestra, band (of
music)
ortografía *f*, orthography
os *pers pron*, you, to you
otoño, *m*, autumn, fall
otro, -a, other, another
oveja, *f*, sheep, ewe

P

pacífico, -a, pacific, peaceful, *as
noun*, Pacífico, *m*, the Pacific
Ocean
padre, *m*, father, *pl*, father and
mother, parents, ancestors
pagar, to pay
página, *f*, page
país, *m*, country
paisano, *m*, peasant, countryman, rustic
pájaro, *m*, bird
palabra, *f*, word, speech
palacio, *m*, palace
pan *m*, bread
panadería, *f*, bakery
panadero, *m*, baker
Panamá, *f*, Panama
pantalón, *m*, *usually pl*, trousers
paño, *m*, cloth
papel, *m*, paper
par, *m*, pair
para, *prep*, for, to, in order to,
— que, *conj*, that, in order that
paralelo, -a, parallel
parar, to stop, stand, be, pass
parecer, to look like, resemble,
seem, appear
París, Paris
parque, *m*, park
parte, *f*, part, side, region, en
todas —s, everywhere

participio, *m* , participle
pasado, *m* , past
pasaje, *m* , passage, roadway
pasajero, *m* , passenger
pasamano, *m* , handrail, balustrade
pasar, to pass, move, go, cross, take place
pasearse, *refl* , to take a walk
paseo, *m* , walk, stroll
pasillo, *m* , hall, corridor, landing
pasivo, -a, passive
pata, *f* , foot and leg of beasts
patín, *m* , skate
patinar, to skate
patio, *m* , yard, court
patria, *f* , country, native land
peculiar, peculiar
pedazo, *m* , piece, fragment
Pedro, *m* , Peter
p ej = por ejemplo, for example
peligro, *m* , danger
pelo, *m* , hair
península, *f* , peninsula
pensar, to think, intend
Pensilvania, *f* , Pennsylvania
penúltimo, -a, next to the last
peña, *f* , rock, cliff
pequeño, -a, small
pera, *f* , pear
perder, to lose, miss
perdonar, to pardon, forgive
perfectamente, *adv* , perfectly
perfecto, -a, perfect
periódico, *m* , newspaper
permanente, permanent
permitir, to permit, allow, grant
pero, *conj* , but
perro, *m* , dog
persona, *f* , person
personal, personal
pertenecer, to belong appertain (to)
pesca, *f* , fishing
pescado, *m* , fish (*out of the water*)
pescador, *m* , fisherman
pescar, to fish
peso, *m* , dollar

pez, *m* , fish (*in the water*)
piano, *m* , piano
pie, *m* , foot, de (en) —, standing
piedra, *f* , stone
pienso, *see* pensar
pierna, *f* , leg
pieza, *f* , piece, room, space
pino, *m* , pine, pine tree
Pirineos, *m pl* , Pyrenees
piso, *m* , story, floor
pizarra, *f* , blackboard, slate
pizarrín, *m* , slate pencil
placer, *m* , pleasure
plano, -a, flat, level
planta, *f* , plant
plantar, to plant
plata, *f* , silver
plaza, *f* , place, square, market
pluma, *f* , pen
plural, plural
población, *f* , population
poblar, to people, settle, fill
pobre, poor, needy, humble
pobrecita, *f* , poor little girl
poco, -a, little, *pl* , few
poder, to be able, can, may
poema, *m* , poem
poesía, *f* , poetry, poem
poeta, *m* , poet
político, -a, political
poltrona silla —, armchair
poner, to put, place, begin, take
ponga, *see* poner
por, *prep* , for, by, in, through, on, on account of, instead of, — ahora, now, — cierto, surely, — menor, at retail, — mayor, at wholesale, ¿— qué? why? — supuesto, of course, — aquí, this way
porcelana, *f* , porcelain
por in, *f* , part, portion, body
porque, *conj* , because, in order that
Portugal, *m* , a republic in Europe
poseedor, *m* , possessor
poseer, to possess

posesión, *f* , possession
posesivo, -a, possessive
posible, possible.
posición, *f* , position
positivo, -a, positive, *also as noun, m* , positive
postal, *adj* , postal
posterior, posterior, back
postizo, -a, artificial
potencia, *f* , power, potency
pradera, *f* , meadow
prado, *m* , lawn, meadow, park
precedente, preceding
preceder, to precede
precio, *m* , price, value
precioso, -a, precious, beautiful
preciso, -a, precise, exact, necessary
preferencia, *f* , preference
preferir, to prefer
preguntar, to ask, question
preparar, to prepare
preposición, *f* , preposition
presa, *f* , prize, booty
prescribir, to prescribe
presentar, to present, give
presente, *m* , present, al —, at present, now
presidente, *m* , president
presión, *f* , pressure
pretérito, *m* , preterit
primavera, *f* , spring
primer, *see* primero
primero, -a, first, principal.
primo, -a, *m and f* , cousin
principal, principal
principalmente, *adv* , principally
príncipe, *m* , prince
principiar, to begin
principio, *m* , beginning
probable, probable
procurar, to procure, provide
producir, to produce, cause
producto, *m* , product
profesar, to profess, practice
profesor, -ra, *m and f* , professor
progresivo, -a, progressive
progreso, *m* , progress

pronombre, *m* , pronoun
pronominal, pronominal
pronunciación, *f* , pronunciation
pronunciar, to pronounce
pronúnciese, *see* pronunciar
propiedad *f* , property
propietario, *m* , proprietor, owner
propio, -a, proper, same, own, suitable real
proporcionar, to supply, provide, furnish
provechoso, -a, useful, suitable
proveer (de), to provide, furnish, supply (with)
provisión, *f* , provision, food
próximo, -a, next, near, following, later
proyecto, *m* , plan
Prusia, *f* , Prussia
público, -a, public
pueblo, *m* , people, town, village
puedo, *see* poder
puente, *m* , bridge
puerta, *f* , door, gate, entrance
puerto, *m* , port, harbor
Puerto Rico, *m* , Porto Rico
pues, *conj* , since, for, therefore, because, *adv* , so, then, well then!
puesta, *f* , setting, — del sol, sunset
pulgar, *m* , thumb
pulimento, *m* , polish
punta, *f* , point, peak
punto, *m* , point, spot
pupila, *f* , pupil of the eye
pupitre, *m* , writing desk
puro, -a, pure, mere

Q

que, *rel pron* , who, which, that
que, *conj* , that, than
¿qué? *inter pron and adj* , what? which?
quemar, to burn
querer, to wish, want, desire, love, like

queso, *m* , cheese

quien, *rel pron* , who, he who

¿quién? *inter pron* , who?

quiero, *see* querer

quince, *num* , fifteen

quinto, -a, fifth

quitar, to leave, quit, remove, take away

R

radical, radical, of the root

| raíz (*pl* raíces), *f* , root

rama, *f* , branch, bough

ramo, *m* , branch

raro, -a, rare

raza, *f* , race

razón, *f* , reason, right, tener —, to be right

realidad, *f* , reality

reasumir, to resume

recepción, *f* , reception

recibir, to receive

recibo, *m* , receipt

recientemente, *adv* , recently

recoger, to gather, reap, catch, pick up

recolección, *f* , harvest

recordar(se), to recall, remember

recreación, *f* , amusement

recreo, *m* , recreation, diversion

redondo, -a, round

referir, to refer, relate

reflejar, to reflect, think

reflexivo, -a, reflexive

región, *f* , region, country

regla, *f* , rule

regular, regular, usual

reino, *m* , kingdom

relativo, -a, relative

reloj, *m* , watch, clock

remedio, *m* , remedy

renacer, to be born again

renta, *f* , rent, income

reparar, to repair, restore

repetir, to repeat

reposar, to repose, rest

reposo, *m* , repose, rest

representación *f* , representation, model

representar, to represent

república, *f* , republic

requerir, to require, govern

requiere, *see* requerir

res, *f* , head of cattle

residencia, *f* , residence

residir, to reside, dwell

respetable, respectable, worthy

responder, to reply, answer

resumir, to repeat, resume

retener, to retain, keep

retratar, to portray, picture

reunión, *f* , reunion, meeting, collection

reunir, to reunite, gather

rever, to see again

rey, *m* , king

ricazo, *m* , very rich man

rico, -a, rich

riel, *m* , rail

riesgo, *m* , danger, risk

rima, *f* , rime, *pl* , poetry

río, *m* , river

riquísimo, -a, very rich

rival, *m* , rival, competitor

robar, to rob, steal

roca, *f* , rock

rodear, to surround

rogar, to ask, request

rojizo, -a, reddish

rojo, -a, red, ruddy

Roma, *f* , Rome

romper, to break, burst

ropa, *f* , dress, clothing

rosa, *f* , rose

rosal, *m* , rosebush

rubí, *m* , ruby

rubio, -a, fair, blond, ruddy

rueda, *f* , wheel

ruido, *m* , noise

rumor, *m* , noise, disturbance

Rusia, *f* , Russia

rústico, *m* , rustic, peasant, farmer (*cf* campesino)

ruta, *f* , route, road

S

sábado, *m* , Saturday

sábana, *f* , cover, sheet

saber, to know (by reason), know how

sacar, to draw pull *or* drag out, carry, remove

sal, *f* , salt

sala, *f* , room, hall, drawing room

salado, -a, salted, preserved in cans

salar, to salt

salario, *m* , salary

salida, *m* , departure

salir, to go out, come out, leave

salón, *m* , great hall, drawing room

salud, *f* , health

saludable, healthful, wholesome

saludo, *m* , greeting

salvaje, savage, wild

sangre, *m* , blood

sastre, *m* , tailor

sastrería, *f* , tailor shop

satisfacer, to satisfy

satisfactorio, -a, satisfactory

satisfecho, -a, satisfied, pleased

saya, *f* , skirt

se, *pers pron* , himself, herself, itself, themselves, *forms the passive with reflexive verbs*

sé, I know, *see* saber

sección, *f* , section

seguir, to follow, continue

segundo, -a, second, *as noun*, *m* , second

seguro, -a, positive, faithful

seis, *num* , six

semana, *f* , week

sencillo, -a, simple, light

sentado, -a, seated, *p p of* sentar

sentar, to become, fit, form, seat, *refl* , to sit down, establish

sentido, *m* , feeling, sense, meaning

señor, *m* , gentleman, sir, Mr

señora, *f* , lady, madam, Mrs

señorita, *f* , young lady, Miss

separar, to separate, remove

septiembre, *m* , September

séptimo, -a seventh

ser, to be (permanently), exist, happen

sereno, -a, serene, calm

servicio, *m* , service

servidor, *m* , servant

servilleta, *f* , napkin

servir, to serve, make use of, be useful, para — a V, thanks, at your service

sesenta, *num* , sixty

setenta, *num* , seventy

Sevilla, *f* , Seville, an important city of southern Spain

sexo *m* , sex

sexto, -a, sixth

si, *conj* , if, whether

sí, *adv* , yes, creo que —, I think so

sí, *refl pron* , himself, herself, itself, one's self, themselves

Siberia, *f* , Siberia

sido, *p p of* ser

siempre, *adv* , ever, always, still

siete, *num* , seven

siglo, *m* , century, age

significación, *f* , meaning, signification

significar, to mean, signify

signo, *m* , sign

siguiente, next, following

sílaba, *f* , syllable

silvestre, wild savage

silla, *f* , chair

sillón, *m* , armchair

simple, simple, mere, only

simplemente, *adv* , simply, only

sin, *prep* , without

singular, singular, particular

sino, *conj* , but, (*after a negation*), except

sinónimo, *m* , synonym

sirve, *see* servir

sirviente, -a, *m and f* , servant

sistema, *m*, system

sitio, *m*, place, position, site, room

situación, *f*, situation, location, spot, condition

situar, to be located, be situated

sobre, *m*, envelope, cover

sobre, *prep*, on, upon, over, above

sobrina, *f*, niece

sobrino, *m*, nephew

sofá, *m*, sofa

sol, *m*, sun

solamente, *adv*, only, solely

solar, *adj*, solar

soler, to be accustomed

solidificar, to solidify, unite

sólido, *m*, solid

sólo, *adv*, only

solo, -a, alone, single

soltar, to let loose, loosen

sombra, *f*, shade, curtain shadow

sombrerería, *f*, hat store

sombrerero, *m*, hatter

sombrerito, *m*, little hat

sombrero, *m*, hat

sonido, *m*, sound

Sr, Sres = Señor, Señores

su, sus, *poss adj*, his, her(s), its, their(s), your(s)

subir, to ascend, go up, mount

subjuntivo, *m*, subjunctive

substancia, *f*, substance

substantivo, *m*, substantive

subterráneo, -a, subterranean, underground

Suecia, *f*, Sweden

suficiente, sufficient

suficientemente, *adv*, sufficiently

sufrir, to suffer, permit, endure

Suiza, *f*, Switzerland

sumar, to add, sum up

sumo, -a, highest, greatest, — grado, the highest degree

superior, superior, upper

superioridad, *f*, superiority, excellence

superlativo, *m*, superlative

suponer, to suppose, surmise

suposición, *f*, supposition

suprimir, to suppress, remove

supuesto por —, of course

sur, *m*, south

susceptible, susceptible

suyo, *poss adj*, his, her(s), its, your(s), their(s), one's own

T

tabaco, *m*, tobacco

tablilla, *f*, small blackboard

también, *adv*, also, likewise, too

tampoco, *adv*, neither

tanto, -a, as *or* so much as, as many as

tarde, *f*, afternoon, evening

tarjeta, *f*, card, —postal, postal card

taza, *f*, cup

té, *m*, tea

te, *pers pron*, thee, to thee

teatro, *m*, theater

techo, *m*, roof, covering, ceiling

temperatura, *f*, temperature

tempestuoso, -a, stormy, tempestuous

tendero, *m*, storekeeper

tenedor, *m*, fork

tener, to have, hold, possess, — que, to have to, be obliged ⸰

tercer, *see* tercero

tercero, -a, third

terminación, *f*, termination

terminar, to terminate, end

Terranova, *f*, Newfoundland

terreno, *m*, ground, tract of land

territorio, *m*, territory

tía, *f*, aunt

tiempo, *m*, time, weather, tense, —compuesto, compound tense

tienda, *f*, store, shop

tiene, *see* tener

tierra, *f*, land, earth

tinta, *f*, ink

tintero, *m*, inkstand

tío, *m* , uncle

tipo, *m.*, type

tira, *f* , strap

tirar, to pull, draw

tiza, *f* , chalk

tocar, to touch, play (an instrument)

todavía, *adv* , still, yet, as yet

todo, -a, all, whole, — el mundo, everybody

tomar, to take, obtain, get, receive

totalidad, *f* totality

totalmente, *adv* , totally, wholly

trabajar, to work, labor

trabajo, *m* , work, task, difficulty

traducción, *f* , translation

traer, to bring, fetch bear

traje, *m* , suit (of clothes)

tranquilamente, *adv* , quietly

transacción, *f* , transaction

transformar, to change

transitar, to cross, travel

tránsito, *m* , passage, journey

transitorio, -a, transitory

transparente, transparent

transportar, to transport, carry

tratar, to treat

trazar to draw, sketch

trece, *num* , thirteen

treinta, *num* , thirty

tren, *m* , train

trepar, to climb, mount

tres, *num* , three

trescientos, -as, *num* , three hundred

trineo, *m* , sleigh, sled

triptongo, *m* , triphthong

tronco, *m* , trunk (of a body *or* tree)

trono, *m* , throne

trozo, *m* , piece, fragment (*cf* pedazo)

tú, *pers pron* , thou, you

tu, *poss adj* , thy, your

tulipán, *m* , tulip

tuyo, *poss adj* , thy, thine, your(s)

U

último, -a, last

un, *see* uno

undécimo, -a, eleventh

únicamente, *adv* , only, singly

único, -a, sole, only, one only

unido, -a, united

unir, to join, unite

universidad, *f* , university

universo, *m* , universe

uno, -a, a, an, one, *pl* , some, any

usar, to use, employ

uso, *m* , use, usage

usted, -es, *pers pron* , you

útil, useful

utilidad, *f* , utility, usefulness, convenience

uva, *f* , grape

V

V , *abbreviation for* usted

vaca, *f* , cow

vacación, *f* , vacation

Valencia, *f* , city and port of Spain

valiente, brave, heroic, courageous

valor, *m* , value, courage

valle, *m* , valley

vámonos, let us go

¡vamos! come! well! let us see! why! — a ver, let us *or* we will see

vapor, *m* , steam, vapor, steamer

variable, varied, variable

variado, -a, different, varied

variar, to vary, change

vario, -a, various, different, *pl* , several, some

vaso, *m* , tumbler, glass, cup

vasto, -a, vast, immense

véase, *see* ver

vecindad, *f* , vicinity, neighborhood

vecino, *m* , neighbor

vegetación, *f*, vegetation
vehículo, *m*, vehicle
veinte, *num*, twenty
veinticuatro, *num*, twenty-four
vela, *f*, sail, candle
velocidad, *f*, velocity, speed
vellón, *m*, fleece, wool
vender, to sell
vendimia, *f*, vintage
venir, to come
ventaja, *f*, advantage
ventana, *f*, window
ver, to see
verano, *m*, summer
verbo, *m*, verb, word
verdad, *f*, truth, es —, that is so
verdadero, -a, true, real
verde, green
verdura, *f*, foliage, verdure, garden stuff, vegetables
verguenza, *f*, shame, bashfulness
verjel, *m*, orchard
vestido, *m*, dress, garment
vestir, to clothe, dress, wear
vez, *f*, time, place, muchas veces, often *or* many times, frequently, de — en cuando, from time to time, now and then, en — de, instead of
vía, *f*, way, road, street
viajar, to travel
viaje, *m*, trip, voyage
vida, *f*, life, living
vidrio, *m*, glass
viejo, -a, old
viento, *m*, wind
viernes, *m*, Friday

vigésimo, -a, twentieth
vigor, *m*, vigor, strength
violencia, *f*, violence
visitar, to visit
vista, *f*, view, sight
viuda, *f*, widow
vivienda, *f*, dwelling
vivir, to live
vivo, -a, lively, living, al —, to the life
vocal, *adj*, vocal
vocal, *f*, vowel
volar, to fly
volatilizar, to volatilize
voluntad, *f*, will, pleasure
volver, to turn, return, bring back, — a (*verb in infin*) to again
vosotros, -as, *pers pron*, you
votar, to vote
voz, *f*, voice, — alta, aloud
vuestro, -a, *poss pron*, your, yours
VV = ustedes

Y

y, *conj*, and
ya, *adv*, already, now
yerba, *f*, grass
yo, *pers pron*, I

Z

zanahoria, *f*, carrot
zanco, *m*, stilt
zapatería, *f*, shoe store
zapatero, *m*, shoemaker
zapato, *m*, shoe

CPSIA information can be obtained at www.ICGtesting.com
Printed in the USA
LVOW12s2129210314

378385LV00001B/326/A